인·생·을·바·꾸·는·한·마·디

명언 뱅크

이야기공방 엮음

노자 소크라테스 플라톤 아리스토텔레스 맹자 장자 순자 몽테뉴 베이컨 데카르트
피노자 로크 흄 괴테 볼테르 루소 칸트 쇼펜하우어 키르케고르 아미엘 칸트 니체
사르트르 송 단테 세르반테스 셰익스피어 그라시안 밀턴 괴테 워즈워스
딜타이 푸시킨 위고 롱펠로 휘트먼 도스토옙스키 톨스토이 입센 마크 트웨인
모파상 오스카 와일드 프루스트 지드 릴케 헤세 지브란 헤밍웨이 생텍쥐페리
로 광개토 세종 다산 최진립 체스터필드 나폴레옹 링컨 A.카네기 록펠러
삐치 유관순 이순신 김구 안창호 안중근 프랭클린 루스벨트 엘리노어 루스벨트 간디
시타 테레스케 골다 메이어 대처 디즈레일리 마더 테레사 수녀 정주영 케네디 만델라
체 게바라 오바마 피타고라스 소크라테스 콜럼버스 이황 코페르니쿠스 갈릴레이 파스칼 뉴턴
페스탈로치 정약용 패러데이 벨 에디슨 프로이트 퀴리 아문센 슈바이처
아인슈타인 제너비 에리히 프롬 칼 세이건 레오나르도 미켈란젤로 엘 그레코 엘로
모차르트 베토벤 밀레 로댕 고갱 고흐 채플린 베이브 루스 헹
오드리 헵번 이소룡 알리 하이딩크 오프라 윈프리 마이클 잭슨 마이클 조던 랜스 암

h ㈜학은미디어

책머리에

명언(名言)이란 감동과 교훈을 주거나, 학문 등의 핵심 내용을 간결하고 명쾌하게 표현한 발언이나 문장을 이릅니다. 일반 서민들의 생활 속에서 생겨나 그 작자가 불분명한 속담과 달리 명언은 대부분 위인이나 유명인이 그 작자이지요. 특별하고 다양한 체험과 깊은 성찰 끝에 나온 만큼 명언은 교훈적인 요소가 강하며 우리가 살아가는 데 훌륭한 나침반이 되어 줍니다.

이 책에는 공자, 소크라테스, 세종 대왕, 이순신, 셰익스피어, 베토벤, 에디슨, 오바마 등 동서고금 126 위인의 보석 같은 명언이 철학, 문학, 정치·경제, 학문, 예술 등의 5개 분야로 나뉘어 연대순으로 정리되어 있습니다.

명언 모음집인 동시에 위인 백과인 셈이지요.

특히 인물과 관련된 시크릿 스토리를 통해 베르테르 효과, 나폴레옹 콤플렉스, 평행 이론, 포드 시스템 등 흔히 쓰이지만 막연한 용어가 쉽고 재미있게 풀이되어 있습니다.

또한 천재들의 아이큐, 역대 미국 대통령의 흥미로운 기록 등도 곁들여, 별난 상식을 접하는 즐거움도 있습니다.

권말에는 지성인으로서 꼭 필요한 **세계 베스트 명언** 200가지, 인생의 의미와 아름다운 마무리에 대해 짚어 보는 **묘비명**도 실었습니다.

이 책이 아름다운 삶의 길라잡이가 되었으면 좋겠습니다.

-이야기공방-

| 차례 |

사상가, 철학자

공자 · 10
  －성인군자인 공자도 실수한 적이 있다
노자 · 13
소크라테스 · 14
  －'악처의 대명사'가 된 소크라테스의 아내
플라톤 · 17
  －플라톤이 추구한 '플라토닉 러브'
아리스토텔레스 · 19
맹자 · 20
  －맹자 어머니의 자식 교육이 낳은 고사성어
장자 · 22
순자 · 23
몽테뉴 · 24
베이컨 · 26
데카르트 · 28
  －해석 기하학을 창시한 팔방미인
스피노자 · 30
몽테스키외 · 31
볼테르 · 33
루소 · 34
  －자식들을 고아원에 맡긴 교육학자
칸트 · 36
  －미완성으로 끝난 단 한 번의 사랑
쇼펜하우어 · 38
키르케고르 · 40
아미엘 · 42
  －고독을 위로하는 유일한 수단이었던 일기
힐티 · 44
니체 · 46
  －히틀러의 시녀로 전락한 니체의 사상

러셀 · 48
사르트르 · 50
  -사르트르와 보부아르의 '계약 결혼'

문학가

이솝 · 54
  -세계 최초, 최고의 우화 작가 '이솝'
단테 · 56
  -첫사랑 '베아트리체'를 잊지 못한 단테
세르반테스 · 58
  -'돈키호테형'이란 인간형을 창조한 세르반테스
셰익스피어 · 60
  -인도와도 바꾸지 않을 만큼 소중한 작가
그라시안 · 63
밀턴 · 65
괴테 · 66
  -'베르테르 효과'란 신조어를 낳은 소설
실러 · 69
워즈워스 · 70
스탕달 · 72
  -'스탕달 신드롬'이란 명칭은 이렇게…
하이네 · 74
  -하이네의 시에 곡을 붙인 '로렐라이'
푸시킨 · 76
  -푸시킨을 죽음으로 몰고 간 아내의 미모
위고 · 78
롱펠로 · 80
휘트먼 · 82
도스토옙스키 · 83

톨스토이 · 85
 -세계 3대 악처로 전락한 착한 아내
입센 · 88
마크 트웨인 · 89
모파상 · 90
오스카 와일드 · 91
버나드 쇼 · 93
 -이사도라 덩컨의 청혼을 거절한 이유
체호프 · 96
지드 · 98
릴케 · 100
 -니체, 릴케, 프로이트의 사랑을 받은 루 잘로메
헤세 · 103
 -'청년 운동의 성경'이라 불리는 〈데미안〉
지브란 · 106
헤밍웨이 · 109
생텍쥐페리 · 111
 -세계 최고의 베스트셀러 〈어린 왕자〉

정치가, 군인, 경제인

키케로 · 114
카이사르 · 116
 -클레오파트라의 코가 1cm만 낮았어도…
세종 대왕 · 118
이순신 · 120
 -왜장 와키자카도 존경한 충무공 이순신
최진립(최 부잣집) · 122
체스터필드 · 123
나폴레옹 · 125
 -나폴레옹의 키와 진실, 나폴레옹 콤플렉스

링컨 · 129
  -역대 미국 대통령에 관한 재미있는 기록
A. 카네기 · 132
록펠러 · 134
퓰리처 · 136
포드 · 137
  -고정 관념을 깨뜨린 '포드 시스템'
처칠 · 140
  -유머 감각으로 경쟁자를 물리친 처칠
김구 · 143
안창호 · 146
안중근 · 147
  -그 어머니에 그 아들, 안중근과 어머니
프랭클린 루스벨트 · 150
엘리노어 루스벨트 · 151
드골 · 152
마쓰시타 고노스케 · 153
골다 메이어 · 154
대처 · 155
  -남자가 무색한 '철의 여인들'
디즈니 · 156
이병철 · 159
테레사 수녀 · 161
정주영 · 162
케네디 · 164
  -백만장자의 아내가 된 케네디의 아내
  -'평행 이론'의 대상자가 된 유명 인물들
만델라 · 167
체 게바라 · 168
오바마 · 169

학자, 발명가, 탐험가

피타고라스 · 172
  - 음악도 수학과 밀접한 관계가 있다
히포크라테스 · 174
  - 의사로서의 맹세, '히포크라테스 선서'
콜럼버스 · 176
  - '콜럼버스의 달걀'은 파이어니어의 상징
이황 · 177
이이 · 179
갈릴레이 · 181
파스칼 · 182
뉴턴 · 184
  - 뉴턴과 관계있는 재미있는 에피소드들
페스탈로치 · 186
정약용 · 188
가우스 · 190
  - 수학자 디오판토스의 묘비에 쓰인 글
다윈 · 191
  - 세상 만물은 신의 뜻대로 이루어지지 않았다
벨 · 193
에디슨 · 194
  - 돈과는 거리가 멀었던 불운의 발명왕
프로이트 · 197
퀴리 부인 · 199
아문센 · 200
  - 남극점에 깃발을 꽂기 위한 세기의 경쟁
슈바이처 · 201
아인슈타인 · 203
  - 역사상 천재들의 아이큐는 얼마나 될까?
토인비 · 207
에리히 프롬 · 208
칼 세이건 · 209
  - 우주 천문학의 대중화에 공헌한 〈코스모스〉

예술가, 스포츠·연예 스타

레오나르도 다빈치 · 212
미켈란젤로 · 216
라파엘로 · 218
모차르트 · 219
베토벤 · 220
　-베토벤을 존경한 '가곡의 왕' 슈베르트
밀레 · 223
로댕 · 224
　-로댕의 제자이자 연인, 카미유 클로델
고갱 · 228
고흐 · 229
피카소 · 230
　-그림 실력 못지 않은 피카소의 말재간
채플린 · 232
베이브 루스 · 234
행크 에런 · 235
　-베이브 루스의 기록을 깬 비장의 무기는?
빈스 롬바르디 · 236
오드리 헵번 · 237
이소룡 · 238
알리 · 240
히딩크 · 242
오프라 윈프리 · 243
마이클 잭슨 · 244
마이클 조던 · 245
랜스 암스트롱 · 246

교양인에게 꼭 필요한 베스트 명언 200가지 · 248
짧지만 큰 울림이 있는 묘비명들 · 262

사상가, 철학자

공자
(기원전 551~479)

중국 춘추 시대 노나라의 사상가·학자. 여러 나라를 돌아다니면서 인(仁)을 정치와 윤리의 이상으로 삼는 도덕주의를 설파했다. 만년에는 교육에 전념, 3,000여 명의 제자를 길러 냈다. 제자들이 엮은 〈논어〉에 그의 언행과 사상이 잘 나타나 있다.

• 배우고 때때로 그것을 익히면 또한 기쁘지 않겠는가. 벗이 있어 먼 곳으로부터 찾아오면 그 또한 즐겁지 않겠는가. 남이 알아주지 않아도 노여워하지 않으면 그 또한 군자가 아니겠는가.

• 옛것을 익혀서 새로운 것을 알게 되면 능히 남의 스승이 될 만하다.

• 배우기만 하고 생각하지 않으면 어둡고, 또한 생각만 하고 배우지 아니하면 위태롭다.

• 세 사람이 함께 길을 가다 보면 그중에는 반드시 내가 스승으로 본받을 만한 사람이 있게 마련이다. 착한 사람에게서는 선한 점을 골라 따르고, 악한 사람에게서는 나쁜 점을 골라 내 잘못을 고쳐야 한다.

• 지혜로운 사람은 미혹되지 않고, 어진 사람은 근심하지 않으며, 용기 있는 사람은 두려워하지 않는다.

• 이득을 보면 의로운가를 생각하고, 나라가 위태로운 것을 보면 목숨을 바친다.

• 나는 열다섯에 학문에 뜻을 두었고, 서른 살에 그 뜻을 분명하게 세웠고, 마흔 살이 되어서는 사리 판단에 흔들림이 없었으며, 쉰 살에는 하늘이 명하는 바를 알게 되었고, 예순 살에는 순종함뿐이었고, 일흔 살에는 마음이 하고 싶은 바대로 행하여도 법도에서 벗어나지 않았다. *

• 예(禮)가 아니면 보지 말고, 예가 아니면 듣지 말고, 예가 아니면 행하지 마라.

• 이로운 친구는 직언을 꺼리지 않고, 언행에 거짓이 없으며, 지식을 앞세우지 않는 벗이니라. 해로운 친구는 허식이 많고, 속이 비었으며, 외모치레만 하고, 마음이 컴컴하며, 말이 많은 자이니라.

• 5형에 속하는 죄가 3천 가지이지만, 그 죄가 불효보다 더 큰 것은 없다.

---

*다음 낱말은 이 구절에서 탄생했다. 15세_지학(志學)•30세_이립(而立) 40세_불혹(不惑)•50세_지명(知命)•60세_이순(耳順)•70세_종심(從心)

• 일평생 선(善)을 행하였다 하더라도 말 한마디의 실수로 그 선을 깨뜨리게 된다.

• 군자는 말을 잘하는 사람의 말에만 귀를 기울이지 않고 말이 서툰 사람의 말에도 귀를 귀울인다.

talk토크 성인군자인 공자도 실수한 적이 있다

공자가 제자들과 함께 채(蔡)나라로 가는 길에 양식이 떨어져 일주일째 푸성귀만 먹고 지냈다. 모두 쓰러지기 일보 직전이었다.
안회라는 제자가 어렵게 쌀을 조금 얻어 와 서둘러 밥을 지었다. 밥 익는 냄새가 기진맥진해 있는 공자의 코끝을 스쳤다.
공자는 저도 모르게 부엌으로 다가갔다. 그런데 솥뚜껑을 연 안회가 밥을 한 움큼 자기 입에 넣는 게 아닌가.
'아니, 스승인 나보다 먼저 밥에 손을 대!'
공자는 아끼는 제자 안회에게 배신을 당한 기분이 들어 단단히 혼을 내야겠다고 별렀다.
밥상을 들고 온 안회에게 공자가 시치미를 뚝 떼고 말했다.
"내가 방금 꿈속에서 선친을 뵈었는데, 밥이 되거든 먼저 조상님께 제사를 지내라고 하시더구나."
뜨끔해서 잘못을 빌 줄 알았는데 안회는 뜻밖의 대답을 했다.
"스승님, 이 밥으로는 제사를 지낼 수 없습니다. 밥을 푸려고 뚜껑을 열었더니 천장에서 먼지가 내려앉았습니다. 스승님께 드리자니 더럽고, 그렇다고 버리자니 너무 아까워서 제가 그 부분을 들어내어 먹었습니다."
공자는 제자들을 모아 놓고 말했다.
"예전에 나는 내 눈을 믿었다. 하지만, 나의 눈도 믿을 것이 못 되는구나. 예전에 나는 나의 머리를 믿었다. 그러나 나의 머리도 믿을 것이 못 되는구나. 너희들은 알아 두거라. 한 사람을 진정으로 이해하고 알아주기란 참으로 어려운 일이라는 것을."

노자
(?~?)

> 중국 춘추 시대 초나라의 사상가. 도가(道家)의 시조. 현상(現象)에 구애되지 않고 만물의 근원인 도(道)를 좇아서 살 것을 역설하고, 무위자연(無爲自然:사람의 힘을 더하지 않은 그대로의 자연)을 존중했다. 공자와 비슷한 시대에 살았던 것으로 추정된다.

• 가장 이상적인 생활 태도는 물과 같은 것이다. 물은 만물에 혜택을 주면서 상대를 거역하지 않고, 사람이 싫어하는 낮은 곳으로 흘러간다. 물처럼 거스름이 없는 생활 태도를 가져야 실패를 면할 수 있다.

• 군대가 강하면 즉 멸망할 것이요, 나무가 단단하면 즉 부러진다.

• 공을 세운 뒤에는 물러가는 것이 하늘의 길이요, 사람의 도리이다.

• 끝을 맺기를 처음과 같이 하면 실패가 없다.

• 천하의 지극히 부드러운 것이 천하의 강한 것을 지배한다.

소크라테스

(기원전 470?~399)

> 고대 그리스의 철학자. 문답을 통해 청년들의 무지(無知)를 자각시켜 그들과 함께 참다운 진리를 탐구하는 것을 천직이라 여겼다. 신을 모독하고 청년들을 타락시켰다는 죄로 독배(毒杯)를 마시고 생을 마감했다. 그의 사상은 제자들에 의해 정리되어 전해진다.

• 너 자신을 알라. (소크라테스의 철학 사상을 대변하는 이 명언은 원래 델피 신전에 걸린 현판의 문구라고 한다.)

• 친구도 있고 적(敵)도 있어야 한다. 친구는 충고를, 적은 경고를 해 준다.

• 자기 부모를 섬길 줄 모르는 사람과는 벗하지 마라. 왜냐하면 그는 인간의 첫걸음을 벗어났기 때문이다.

• 어려서는 겸손해라. 젊어서는 온화해라. 장년에는 공정해라. 늙어서는 신중해라.

• 죽음이란 영원히 잠을 자는 것과 같다.

• 철학은 무지(無知)로부터의 탈출이다.

- 돼지가 되어 즐거워하기보다는 사람이 되어 슬퍼하리라.

- 네 자식들이 해 주기를 바라는 것과 똑같이 네 부모에게 행하라.

- 나는 단 한 가지 사실만은 분명히 알고 있다. 그것은 내가 아무것도 알지 못한다는 것이다.

- 인생은 사는 것이 중요한 문제가 아니라 바르게 사는 것이 중요하다.

- 보다 나은 인간이 되기 위해 애쓰면서 사는 것보다 더 훌륭한 삶은 없다. 그리고 실제로 보다 나아지고 있음을 느끼는 것보다 더 큰 만족감은 없다.

- 악한 행위를 하는 사람은 다른 사람은 물론 자신에게 더 큰 상처를 입힌다.

- 사냥꾼은 개로 토끼를 잡지만, 아첨꾼은 칭찬으로 우둔한 자를 사냥한다.

- 만족은 천연의 재산이다.

- 사람은 혼자 사는 것보다는 누구하고라도 함께 사는 것이 좋다. 하물며 형제자매 사이에 있어서랴.

- 삶에서 멀리 가면 갈수록 그만큼 진리 가까이 가는 것이다.

- 선인은 살기 위해서 먹고 마시는 반면, 악인은 먹고 마시기 위해서 산다.

- 악법도 법이다.

talk 토크

소크라테스의 아내 '크산티페'는 행패가 심한 악처로 소문이 자자했다. 어느 날, 그의 아내가 악다구니 끝에 소크라테스의 머리에 구정물을 뒤집어씌웠다. 그 광경을 지켜본 제자가 어쩔 줄 몰라 하는데 소크라테스는 태연하기만 했다. "벼락 뒤에는 어김없이 비가 내리는 법이지."
또한 아내의 잔소리에 대해서도 "물레방아 돌아가는 소리 정도인데 뭘. 자꾸 듣다 보면 별로 시끄럽지 않아."라고 대수롭지 않게 말했다.
"어쨌든 결혼해라. 양처(良妻)를 얻으면 행복할 것이고, 악처(惡妻)를 얻으면 철학자가 될 테니까."
소크라테스가 했다는 위의 명언으로 보건대, 아내의 악행을 자기 수양의 기틀로 삼은 게 아닌가 싶을 정도이다.
못생긴 외모에 생활력이라곤 없는 남편 덕분에 악처의 대명사가 된 크산티페. 어쩌면 소크라테스의 피해자가 아닐까?

플라톤
(기원전 428?~347?)

> 고대 그리스의 철학자. 소크라테스의 제자이자 아리스토텔레스의 스승. 유심론 철학을 체계화하였으며, 〈국가(Politeia)〉를 집필했다. 그의 문예 이론 사상과 미학 관점은 문예 분야에 크나큰 영향을 끼쳐 서양 사상의 이론적 근거가 되었다.

• 정의(正義)란 자기에게 알맞은 것을 소유하고, 자기에게 알맞게 행동하는 것이다.

• 남을 행복하게 할 수 있는 사람만이 행복을 얻을 수 있다.

• 적당히 모자란 가운데 그 부족한 부분을 채우기 위해 노력하는 나날의 삶 속에 행복이 있다.

• 사랑을 할 때는 누구나 시인(詩人)이 된다.

• 영원히 지닐 수 없는 것에 마음을 붙이고 사는 것은 불행이다.

• 거짓말은 그 자체가 죄이며, 정신까지 더럽힌다.

• 시작은 그 일의 가장 중요한 부분이다.

• 불완전하게 이루어진 훌륭함보다는 훌륭하게 이루어진 작은 것이 낫다.

• 별을 보며 사색하는 시간은 영혼을 성숙시키며, 현실 너머의 것을 바라볼 줄 아는 혜안을 가져다준다.

• 다른 사람에게 친절하고 관대한 것이 자기 마음의 평화를 유지하는 길이다.

• 연애는 신으로부터 받은 착란, 신성한 열광이다.

• 사랑이라는 것은 선(善)한 것을 언제까지나 갖고 싶어 하는 마음이다.

talk토크 — 플라톤이 추구한 '플라토닉 러브'

플라톤은 초월적인 이데아(idea)를 참 실재(實在)로 하는 이상주의(理想主義)를 추구했는데 이를 '플라톤주의'라고 하며, 개성주의(個性主義)를 추구하는 '아리스토텔레스주의'와 함께 서양 철학사를 지배하는 세계관의 하나이다.

특히 플라톤은 연애관에서도 관능적·육체적 사랑을 지양하고 순수한 정신적인 사랑을 추구했다. 여기서 '플라토닉 러브'라는 말이 생겨났다.

아리스토텔레스

(기원전 384~322)

> 고대 그리스의 철학자. 플라톤의 제자로 페리파토스 학파를 세웠다. 고대에 있어서 최대의 학문적 체계를 세워 중세 스콜라 철학을 비롯하여 후세의 학문에 큰 영향을 미쳤다. 〈형이상학〉〈오르가논〉〈자연학〉〈시학〉〈정치학〉 등의 저서가 있다.

• 불행은 진정한 친구가 아닌 자를 가려 준다.

• 친구가 많다는 것은 친구가 전혀 없다는 뜻이다.

• 사람은 누구나 화를 낼 수 있다. 그것은 쉬운 일이다. 그러나 올바른 대상에게, 올바른 정도로, 올바른 시기에, 올바른 목적으로, 올바른 방식으로 화를 내기란 누구나 할 수 있는 일이 아니며, 쉬운 일도 아니다.

• 재산의 수준을 높이기보다는 욕망의 수준을 낮추기 위해 애쓰는 편이 오히려 낫다.

• 자신의 욕망을 극복한 사람이 강한 적을 물리친 사람보다 위대하다.

맹자

(기원전 372~289)

> 중국 전국 시대의 사상가. 공자의 인(仁) 사상을 발전시켜 '성선설(性善說)'을 주장하였으며, 인의의 정치를 권하였다. 유학의 정통으로 숭앙되며, '아성(亞聖)'이라 불린다. 그의 언행을 기록한 〈맹자〉는 〈논어〉〈중용〉〈대학〉과 함께 사서(四書)라 일컬어진다.

• 적당한 양분을 얻으면 어떤 생물이라도 생장하지 않는 것이 없다. 즉, 인간의 본성인 선(善)도 가꾸고 기르면 크게 잘 자란다.

• 정치라는 것은 자기 한 사람이 즐기려 해도 결코 즐길 수가 없는 것이다. 항상 백성과 즐거움을 함께 한다는 생각이 필요하다.

• 지성을 다하면 움직이지 않는 것이 없다.

• 짐승 같은 자라고 비난할 필요는 없다. 상대가 난폭하게 굴면 먼저 자기를 반성해 보는 것이 좋다. 그러나 아무리 자기가 예(禮)를 다해도 상대가 난폭한 것을 고치지 않으면 그 상대는 짐승과 같은 것이니 실랑이를 해서 무엇하겠느냐.

• 자기의 길을 굽혀서 부정을 하고 있는 자가 다른 사람의 부정을 고쳐 준 예(例)는 한 번도 없다. 먼저 자기 자신을 바르게 하지 않으면 안 된다.

• 지혜로운 사람에게는 알지 못할 것이 없겠으나 아는 것보다 힘써야 할 것은, 당연히 무엇에 힘써야 할 것인가를 깨닫는 것이 급하다는 것을 알아야 한다. 사물에는 먼저와 나중, 가벼운 것과 무거운 것의 구별이 있고, 아는 것보다 행하는 것이 먼저다.

talk 토크 맹자 어머니의 자식 교육이 낳은 고사성어

맹자의 집은 묘지 가까이에 있었다. 어린 눈에 신기했던지 맹자는 상여꾼 흉내를 내며 놀았다. 당황한 어머니는 서둘러 집을 옮겼다. 그곳은 시장 옆이었는데 맹자가 이번에는 장사하는 흉내를 내는 게 아닌가. 어머니는 또 집을 옮겼다. 서당 옆이었다. 그제서야 맹자가 예의범절을 흉내 내었다. 그야말로 교육 환경이 얼마나 중요한지를 입증하는 본보기였다. **맹모삼천(孟母三遷)**이라는 고사성어는 이 일에서 생겨났다.

맹자가 학문을 위해 집을 떠나 있을 때의 일이다. 어느 날, 맹자가 학업을 중단하고 집으로 돌아오자 어머니가 짜고 있던 베를 싹둑 잘라 버리더니 말했다.

"네가 배움을 도중에 그만둔 것은 내가 짜던 이 베를 다 마치지 않고 끊어 버리는 것과 같다. 무릇 군자는 배워서 바른 이름을 세우고, 물어서 지식을 넓혀야 한다."

맹자는 깊이 뉘우치고 학업에 열중했고, 이 일에서 **맹모단기(孟母斷機)**라는 고사성어가 탄생했다.

장자

(기원전 365?~270?)

> 중국 전국 시대의 사상가. 도가(道家) 사상의 중심 인물로, 유교의 인위적인 예교(禮敎)를 부정하고 자연으로 돌아가자는 자연 철학을 제창하였다. 우화(寓話)를 많이 인용한 그의 저서 〈장자〉는 훗날 중국 선종(禪宗)의 형성에 큰 역할을 하였다.

• 나무는 다 타고 없어도 그 불씨는 끊어지지 않는다.

• 너무 재주가 많은 자는 수고가 많고, 너무 영리한 자는 쓸데없는 걱정으로 고생이 많다.

• 너무 흰 것은 더러운 것처럼 보이고, 위대한 덕을 지닌 사람은 좀 모자란 것처럼 보인다.

• 도(道)를 알기는 쉬우나 그 안 것을 입으로 내지 않기란 어려운 일이다. 사람이란 자기가 아는 것을 저도 모르는 사이에 입으로 내기가 쉽다.

• 도인은 명성이 없고, 덕이 높은 사람은 재물이 없으며, 대인(大人)은 자신을 무시한다.

순자
(기원전 298?~238?)

중국 전국 시대 조나라의 사상가. 맹자의 성선설(性善說)에 대하여 성악설(性惡說)을 주장하였다. 예의로써 사람의 성질을 교정할 것, 개인의 능력주의를 주장했다. 그의 저서 〈순자〉는 훗날 한비자 등이 계승하여 법가(法家) 사상을 낳았다.

• 듣지 않는 것은 듣는 것보다 못하며, 듣는 것은 보는 것보다 못하다. 보는 것은 아는 것보다 못하며, 아는 것은 이를 행동하는 것보다 못하다.

• 눈은 좌우에 있지만 따로따로 물건을 보지 않음으로써 밝게 볼 수 있는 것이다. 마음을 오직 하나에 전념하지 않으면 아무 일도 이룰 수 없다.

• 누구라도 나를 충고해 주고 결점을 적당하게 지적해 주는 이가 있으면 그 사람이야말로 나의 스승으로서 존경해야 할 사람이다.

• 빠른 명마는 하루에 천 리를 달릴 수 있다. 노둔한 노마(駑馬)도 쉬지 않고 열흘을 걸으면 역시 천 리 길을 갈 수 있다.

몽테뉴
(1533~1592)

> 대표적인 도덕주의자인 프랑스 사상가. 회의론(懷疑論)을 기조로 하여 종교적 교회도, 이성적 학문도 절대시하는 것을 물리치고 인간으로서 현명하게 살 것을 권했다. 1580년에 간행된 〈수상록〉은 인간의 아름다움과 약점을 파헤친 걸작이다.

- 사람들은 행복과 불행 모두가 운명에 달렸다고 생각한다. 그러나 실제로 운명은 우리에게 그 기회와 재료와 씨를 제공할 따름이다.

- 우리는 가장 모르는 것을 가장 잘 믿는다.

- 한 가정을 원만하게 다스리기는 한 나라를 통제하기보다 더 어렵다.

- 마음에도 없는 말을 하기보다 침묵하는 쪽이 차라리 그 관계를 해치지 않을지도 모른다.

- 소유물의 부족은 개선할 수 있으나 영혼의 가난은 해결하기 어렵다.

• 세상에서 가장 중요한 일은 자기 자신이 될 줄 아는 것이다. 사람은 모두 자신을 직시해야 한다. 나는 내 안을 들여다보고, 오직 나 자신과 관계하며 끊임없이 자신을 생각하고 다스리며 음미한다. 우리의 한 부분은 사회의 몫이지만, 가장 귀중한 부분은 우리 자신의 몫이다.

• 어리석은 자의 가장 확실한 증거는 자기 주장을 고수하고 흥분하는 것이다.

• 재주가 비상하고 뛰어나더라도 노력하지 않으면 아무 쓸모가 없다.

• 혼자 있을 때에도 부끄럽지 않게 행동하는 것이야말로 최상의 생활이다.

• 비겁함이 잔인함의 모체라는 말을 자주 들었다.

• 아무리 탁월한 재능이라도 무위도식하게 되면 사멸하게 된다.

• 우는 것도 일종의 쾌락이다.

베이컨
(1561~1626)

> 영국의 철학자·정치가. 학문의 대혁신을 구상하고 대표 저서 〈노붐 오르가눔〉에서는 관찰과 실험에 기초를 둔 귀납법을 확립하였으며, 근대 과학의 방법론에 큰 영향을 주었다. 이상향(理想鄕) 소설 〈신아틀란티스〉 등의 저서가 있다.

• 사람과 사람이 접촉함에 있어서 가장 큰 신뢰는 충고를 주고받는 신뢰이다.

• 교활한 사람은 학문을 경멸하고, 단순한 사람은 학문을 찬양하며, 현명한 사람은 학문을 이용한다.

• 청년들은 판단하는 것보다는 생각해 내는 것이 어울리고, 타협보다는 실행이 적합하며, 안정된 직업보다는 새로운 기획이 더 잘 어울린다.

• 행복할 때의 미덕은 자제이고, 역경에 처했을 때의 미덕은 인내이다.

• 독서는 완성된 사람을 만들고, 담론은 재치 있는 사람을 만들며, 필기는 정확한 사람을 만든다.

- 돈은 거름과 같아서 뿌리지 않으면 썩기 쉽다.

- 책이 학문을 따를지언정 학문이 책을 따라서는 안 된다.

- 타고난 능력이란, 자연계의 초목과 같아 항상 탐구로써 가지를 쳐야 한다.

- 타인의 결점은 우리의 눈앞에 있고, 우리들 자신의 결점은 우리의 등 뒤에 있다. 태만은 모든 악의 원천이요 근본이다.

- 현대인의 최대의 정신적 범죄는 자기 자신에 대해서 불성실한 것이다. 현명한 사람은 그가 발견하는 이상의 많은 기회를 만든다.

- 최악의 고독은 한 사람의 벗도 없는 것을 말한다.

- 느닷없이 떠오르는 생각이 가장 귀중한 것이며, 보관해야 할 가치가 있는 것이다. 메모하는 습관을 갖자.

- 사람의 천성과 직업이 맞을 때 행복하다.

데카르트

(1596~1650)

프랑스의 철학자·수학자. 방법적 회의에 의해 모든 것을 회의한 다음, 이처럼 회의하고 있는 자기 존재를 명석하고 분명한 진리라고 보았다. 정신과 물체를 독립의 실체라고 하는 물심 이원론(物心二元論)을 전개하였다. 해석 기하학의 창시자이기도 하다.

- 나는 생각한다. 그러므로 나는 존재한다.

- 선한 마음을 갖는 것으로는 충분치 않다. 중요한 것은 그 마음을 잘 쓰는 것이다.

- 마음이 선량하면 모든 것이 좋아진다.

- 마음의 고통은 육체의 고통보다 더 괴롭다. 마음의 갈증은 물을 마신다고 해서 사라지지 않는다.

- 결단을 내리지 않는 것이야말로 최대의 해악이다.

- 만약 당신이 진실로 진리를 추구하는 사람이라면, 살아 생전에 적어도 한 번쯤은 가능한 한 모든 것에 대해 깊이 의심해 볼 필요가 있다.

• 남을 증오하는 감정이 얼굴의 주름살이 되고, 남을 원망하는 마음이 고운 얼굴을 추악하게 만든다. 감정은 늘 신체에 반사적으로 나타난다.

• 애정은 생리적으로 강하고, 미움은 생리적으로 약하다. 당신이 남을 원망하는 감정을 품고 있다면 당신의 피는 매우 나쁜 상태에 놓인다. 당신은 음식 맛조차 잃을 것이다. 당신의 건강을 위해서 남을 오래 원망하는 감정에 머물러 있지 말아야 한다. 순조로운 혈액 순환, 맑은 공기, 적당한 온도, 이것들은 모두 사랑의 표현이다.

talk 토크 해석 기하학을 창시한 팔방미인

데카르트는 철학뿐만 아니라 수학·물리학 등 다방면에서 뛰어난 팔방미인이었다. 그의 수학사적 업적 중 가장 중요한 것은, 음수에 대한 개념을 구체화하고 음수를 좌표계상에 표현해 낸 것이다. 그는 스물두 살에 오늘날 쓰고 있는 '좌표 평면'을 만들어 냈다. 좌표를 도입해 직선상에 양수와 음수, 영을 나타냄으로써 기하학에 새로운 길을 열었다. 기하학에 대수학을 접목시켜 얻어낸 결과이다. 이로써 점과 수식을 하나로 보게 되어 기하와 대수가 통일되는 시발점이 마련되었다.

이와 관련해 발전한 기하학을 '해석 기하학'이라고 한다. 유클리드 기하학 이후 별다른 진전이 없던 기하학이 다시금 발전하고 거듭나게 되었으며, 이때부터 수학이 수의 변화를 나타내게 되었고, 미적분학이 태동하는 토대가 마련되었다.

스피노자
(1632~1677)

> 네덜란드의 철학자·소설가. 유대 인 상인의 아들로 유대 인 학교를 다녔으나 성경과 그리스도교를 비판하여 유대 교단에서 파면당하고 평생 가난과 고독 속에 살았다. 〈윤리학〉〈신학 정치론〉 등의 저서가 있으며, 소설 〈무지개〉〈사랑뿐〉 등도 썼다.

• 내일 세계의 종말이 온다 해도 나는 오늘 한 그루의 사과나무를 심을 것이다.

• 한 번 분노할 때마다 한 살씩 늙고, 한 번 기뻐할 때마다 한 살씩 젊어진다. 이것은 신이 인간에게 내린 최고의 선물이자 최악의 형벌이다.

• 철학의 최후 목표는 자유인이 되는 데 있다.

• 자신은 할 수 없다고 생각하고 있는 동안은 그것을 하기 싫다고 다짐하고 있는 것이다. 그러므로 그것은 실행되지 않는다.

• 자만심은 인간이 자기 자신을 너무 높게 생각하는 데서 생기는 쾌락이다.

몽테스키외
(1689~1755)

프랑스의 계몽 사상가·법학자. 저서 〈법의 정신〉에서 삼권 분립을 주장, 미국 헌법과 프랑스 혁명에 큰 영향을 주었다. 법률 제도의 원리를 실증적으로 추구, 사회 과학 연구의 방법론을 개척했고, 입헌주의 헌법의 원리를 확립하였다.

• 자유란 법이 허용하는 것은 무엇이나 할 수 있는 권리이다.

• 조금을 알기 위해서 많이 공부해야 한다.

• 이혼은 진보된 문명 사회에서는 필수품이다. 그것은 그 사회에 개인의 자유와 경제 안정이 되어 있다는 증거이기 때문이다.

• 법이라는 것은 가장 넓은 의미에서 사물의 성질에서 생기는 필연적인 관계이다. 그리고 이 의미에서 모든 존재는 저마다의 법을 가진다. 신도 자신의 법을 가진다. 물질계도 그 법을 가진다. 인간보다 상위의 지혜적인 존재자도 그 법을 가진다. 짐승도 자신의 법을 가진다.

• 인간은 생각하는 것이 적으면 적을수록 더욱더 말이 많아진다.

• 법이 지탱되는 것은 그것이 공정해서가 아니라 법 자체이기 때문이다. 그것이 곧 법이 갖고 있는 바 권위의 불가사의한 기초이며, 이 밖에 다른 기초는 전혀 없다.

• 인생살이에서 성공하자면 겉으로는 바보처럼 보여질 것이며, 내면에는 실속을 챙겨 두지 않으면 안 된다는 것을 나는 늘 어디서든지 관찰하고 있다.

• 철학이란 고작 세 단어, 즉 내가 알 바 아니야(Je m'en fous)로 풀어서 쓸 수 있는 것, 즉 설명이 불가능한 것이다.

• 한 시간쯤 독서하면 어떤 고통도 진정이 된다.

• 연애는 일이 없는 사람들의 일이다.

• 부패한 세상 속에서 양심적인 사람으로 살아가기 위해서는 적어도 사악한 사람이 갖고 있는 만큼의 능력과 용기를 지닐 필요가 있다.

볼테르
(1694~1778)

> 프랑스의 사상가·소설가·극작가·시인. 신앙과 언론의 자유를 추구하는 합리주의의 계몽 사상가로 활약했다. 작품으로 소설 〈캉디드〉, 논문집 〈철학 사전〉 등이 있다.

- 미모의 아름다움은 눈만을 즐겁게 하지만 상냥한 태도는 영혼을 매료시킨다.

- 참다운 욕구 없이 참다운 만족 없다.

- 신은 우리에게 인생이라는 선물을 주었다. 인생을 잘 사는 것은 우리가 우리 자신에게 주는 선물이다.

- 모든 인간은 길을 잃고 헤맨다. 그러나 가장 어리석은 일은 해 보지도 않고 너무 일찍 후회하는 일이다.

- 회의(懷疑)는 즐거운 것만은 아니다. 그러나 확실한 것은 회의가 불합리하다는 것이다.

- 사람들은 할 말이 없으면 욕을 한다.

루소
(1712~1778)

> 프랑스의 계몽 사상가. 이성(理性)에 대하여 감정(感情)의 우위를 주장하고, 인위적인 문명 사회에 있어서의 타락을 비판하며, 자연으로 돌아갈 것을 역설하였다. 〈인간 불평등 기원론〉〈사회 계약론〉〈에밀〉〈참회록〉 등의 저서가 있다.

• 자연으로 돌아가라.

• 자연은 아이들이 어른이 되기 전에 어린이이기를 바라고 있다. 만약 이 순서가 바뀌면, 우리는 설익어서 맛이 없고 금방 썩어 버리는 설익은 과실이 된다.

• 청년 시대는 지혜를 연마하는 시기이며, 노년은 그것을 실천하는 시기이다.

• 인간은 태어났을 때는 자유스러웠으나 사회 속에서는 무수한 쇠사슬에 얽혀 있다.

• 절제와 근면은 인간의 진정한 치료법이다. 일하는 것은 욕망을 강화하고, 절제는 그것을 조절하는 법을 가르친다.

• 채소를 많이 먹는 이탈리아 인은 여자같이 약하다. 그리고 당신들, 영국인은 고기를 엄청 먹어 대서인지, 당신들의 강인한 힘에서는 냉혹한 면, 심지어는 야만성과도 같은 것을 발견하게 된다. 한편 천성적으로 침착하고 온화하며, 소박하지만 난폭하고, 툭하면 화를 내는 스위스 인은 채식과 육식을 동시에 즐기며, 우유와 포도주를 마신다. 또한 유연한 사고방식을 갖고 있지만 변덕이 심한 프랑스 인은 온갖 음식을 먹기 때문에 다양한 성격을 지니고 있다.

• 인내는 쓰다. 그러나 그 열매는 달다.

talk토크 자식들을 고아원에 맡긴 교육학자

루소는 〈에밀〉이라는 교육 소설을 썼다. 에밀이라는 고아가 태어나서 결혼하기까지의 과정을 통하여, 지식 위주의 주입식 교육을 배척하고 인간의 자연성을 존중하는 전인(全人) 교육법을 소설 형식을 빌려 주장했다. 교육학에 큰 영향을 끼친 역작이다.

그런데 참으로 아이로니컬하게도 최고의 교육 이론가인 루소 자신이 자식에 대해서는 납득하기 어려운 처신을 했다.

루소는 여러 귀족 여인들과 사귀었는데, 정작 결혼은 오랫동안 동거했던 세탁부 하녀와 했다. 더욱 놀라운 것은, 그녀와의 사이에 태어난 첫아이와 둘째 아이를 고아원에 맡겼다는 사실이다. 그 이유는 잘 모르겠으나, 능력이 닿지 않는 것도 아니면서, 더구나 교육가이면서 자기 핏줄을 제대로 돌보지 않았다는 것은 아무리 해도 납득하기 어렵다.

칸트

(1724~1804)

> 독일의 철학자. 인식론에 있어서 경험주의와 합리주의를 통합하는 입장에 서서 종래의 형이상학적 현실을 비판했다. 도덕의 원리를 양심의 자율에서 구하고 그 위에서 종교를 구축하려고 했다. 〈순수 이성 비판〉〈실천 이성 비판〉〈판단력 비판〉 등을 썼다.

- 창조란 순간의 작품이 아니다. 창조는 결코 완료되지 않는다.

- 깊은 고독은 고귀하지만 끔찍하다.

- 인간은 교육을 필요로 하는 동물이다.

- 네가 행동해야 하는 대로 행동하라. 이것이 내게 필요한 것이다.

- 오성(悟性)은 고귀하고, 위트는 아름답다.

- 여자는 지배하려 하고, 남자는 지배당하려 한다. (결혼 전에만 그렇다) 여자는 결혼을 통해 자유를 얻고, 반대로 남자는 결혼을 통해 자유를 잃는다.

• 재물은 생활을 위한 방편일 뿐 그 자체가 목적이 될 수는 없다.

• 규칙이 없는 것은 동시에 비이성적이다.

• 우리는 서로 성가시게 해서는 안 된다. 세상은 우리 모두를 위해 충분히 크다.

• 어떠한 국가도 다른 국가의 헌법과 정부에 폭력적으로 간섭을 해서는 안 된다.

• 논리의 목적은 얽히게 하는 것이 아니라 푸는 것이고, 덮는 것이 아니라 무언가를 보여 주는 것이다.

talk 토크 — 미완성으로 끝난 단 한 번의 사랑

칸트는 어렸을 때 식모에게 겁탈당한 뒤로 여자를 혐오했다. 이런 칸트가 평생에 단 한 번 사랑을 느낀 여인이 있었다. 그 여인은 칸트에게 청혼까지 했다. 하지만, 칸트는 그녀에게 사랑에 대해 생각할 시간을 달라고 했다.
7년이란 시간이 흐른 뒤에 그 여인의 집을 찾아간 칸트가 들은 말은 "우리 딸은 벌써 두 아이의 엄마라네."였다.
그의 일기장에는 결혼을 해야 하는 이유 354가지와 결혼을 하지 말아야 하는 이유 350가지가 적혀 있고, '남자의 첫사랑을 만족시키는 건 여자의 마지막 사랑이다.' 라고 쓰여 있었다고 한다.

쇼펜하우어
(1788~1860)

> 독일의 철학자. 세계를 움직이는 본질은 충동적이고 맹목적인 의지라고 하여, 이 의지가 지배하는 삶은 고통일 뿐이라는 염세관을 주장했다. 이 고통에서 벗어나는 길은 금욕을 몸에 배게 하는 생활 태도라고 말했다. 〈의지의 표상으로서의 세계〉 등의 책을 썼다.

• 돈 빌려 달라는 것을 거절함으로써 친구를 잃는 경우는 드물지만, 반대로 돈을 빌려 줌으로써 도리어 친구를 잃는 경우는 흔하다.

• 사랑하지도 말고, 미워하지도 말아라. 이것이 지혜의 절반에 해당된다. 아무것도 말하지 말고, 아무것도 믿지 말아라. 이것이 지혜의 나머지 절반이다. 그러나 이러한 원칙을 지키면서 사는 것은 얼마나 우스운 일인가!

• 진실한 사랑은 서로에게 엄청난 힘과 열정을 안겨다 준다. 그러나 사랑이 뜻대로 이루어지지 않으면, 이 세상의 값진 물건들도 모두 보잘것없게 느껴진다. 그리고 자기 자신의 목숨까지도 구차하게 여겨진다.

• 돈이란 바닷물과도 같다. 그것은 마시면 마실수록 목이 마른다.

• 섹스는 신(神)의 선물이며, 인간에게 산란기가 없음은 성이 종족 보존 이외의 다른 의미가 있기 때문이다.

• 증오는 가슴에서 나오고, 경멸은 머리에서 나온다. 어느 감정도 완전히 억제할 수는 없다.

• 수면이란 낮에 소비된 일부의 생명을 회복해서 유지하기 위해 미리 빌려 쓰는 소량의 죽음이다.

• 평범한 능력밖에 없는 사람에게 겸손은 순수한 마음의 표상이 되지만, 훌륭한 능력을 지닌 사람에게 겸손은 위선일 뿐이다.

• 허영심은 사람을 수다스럽게 하고, 자존심은 침묵케 한다.

• 평범한 사람들은 시간을 어떻게 소비할까 생각하지만 지성인은 시간을 어떻게 사용할까 궁리한다.

키르케고르
(1813~1855)

> 덴마크의 철학자. 헤겔의 영향을 많이 받았으나 헤겔의 관념 철학을 뛰어넘어 독자적인 사상을 추구하여 현대 기독교 사상과 실존주의 철학의 선구자가 되었다. 저서에 〈죽음에 이르는 병〉〈불안의 개념〉〈이것이냐 저것이냐〉 등이 있다.

• 절망이란 죽음에 이르는 병이다.

• 절망에 빠질 수 있다는 것은 인간이 다른 동물보다 뛰어나다는 증거이다.

• 절망하는 순간 또 다른 절망을 부른다.

• 한 소녀를 유혹하는 것은 예술이 아니지만, 유혹할 만한 가치가 있는 소녀를 찾아내는 것은 행복이다.

• 결혼해도 후회하게 될 것이고, 결혼하지 않아도 후회하게 될 것이다.

• 순간은 이중적 의미를 지니고 있다. 그 안에는 시간과 영원성이 서로 함께하고 있다.

• 나를 위한 진리를 찾아내고, 내가 생사를 걸고 싶은 이념을 발견해 내는 것은 중요하다.

• 여자는 남자보다 더 감각적이다. 이것은 벌써 육체의 형태에서 나타난다.

• 시인이란 무엇인가? 불행한 인간이다. 그의 영혼 속에는 비밀스런 고통이 숨어 있고, 그의 입술은 한탄하고 비명을 지르지만 그것을 아름다운 음악으로 변화시키도록 만들어져 있다.

• 정신이 적어질수록 두려움도 적어진다.

• 지루해하는 자들은 모두 변화를 외친다.

• 끊임없이 체념하는 자는 스스로 충분하기 때문이다.

• 자살로 세상을 떠나는 것은 인생에서 가장 큰 죄악이며, 또한 신에 대한 반역이다.

• 걱정 근심은 삶과 관계를 맺게 해 준다.

• 남의 고통을 동정해서 흘린 눈물은 금방 마른다.

아미엘
(1821~1881)

> 스위스의 프랑스계 문학가·철학자. 제네바 대학교에서 철학 교수를 지냈다. 날카로운 자기 분석과 도덕주의자의 세기말적 불안과 고뇌를 기록한 그의 유저(遺著) 〈아미엘의 일기〉는 전 세계적인 사랑을 받으며 그의 이름을 세상에 알렸다.

• 일기는 고독한 사람의 마음의 친구이며, 위로의 손길이며, 또한 의사이기도 하다.

• 친절한 마음가짐의 원리, 타인에 대한 존경은 처세법의 제일 조건이다.

• 신뢰는 거울의 유리와 같다. 한번 금이 가면 원래대로 하나가 되지 않는다.

• 불만은 생활에 독을 섞어 넣는다. 참고 견디는 것은 생활에 시적인 정취와 엄숙한 아름다움을 준다.

• 마음이 변하면 태도가 변한다. 태도가 변하면 습관이 변한다. 습관이 변하면 인격이 변한다. 인격이 변하면 인생이 변한다.

• 오늘 하루를 헛되이 보냈다면 그것은 커다란 손실이다. 하루를 유익하게 보낸 사람은 하루의 보물을 파낸 것이다. 하루를 헛되이 보냄은 내 몸을 헛되이 소모하고 있다는 것을 기억해야 한다.

• 마냥 슬픔에 잠기는 것은 위험하다. 용기를 빼앗아 갈 뿐 아니라 회복하려는 의욕마저 잃게 하기 때문이다.

• 천국도 지옥도 세계도 우리 안에 있다. 인간은 광대한 심연(深淵)이다.

talk 토크 — 고독을 위로하는 유일한 수단이었던 일기

선천적으로 몸이 허약했던 아미엘은 자연스럽게 고요함과 고독을 즐기는 성격의 소유자가 되었다. 평생을 결혼하지 않고 독신으로 산 것은 그가 꿈꾸던 이상적인 여성과의 결혼 생활과 현실적인 가정 생활과의 불일치 때문이었다. 이 이상과 현실의 거리감이 그를 고립 상태로 몰아넣었으며, 거기서 오는 고독을 위로하는 유일한 수단으로 날마다 일기를 썼다.

1만 7천 페이지에 이르는 그의 일기가 그가 죽은 뒤에 〈아미엘의 일기〉란 이름으로 출판되었는데, 갑자기 세상 사람들의 큰 관심을 받으면서 아미엘은 세계적인 작가의 반열에 올랐다.

일기의 내용은, 자신의 영혼의 동요를 예리하고 깊게, 또 냉철하게 추구·관찰하고, 동시에 자기와 보편적 우주의 생명과의 대결, 무한에 대한 동경, 절대의 갈구 등의 문제가 깊이 추구되어 있다.

힐티
(1833~1909)

> 스위스의 사상가·법학자·정치가. 기독교의 입장에서 이상주의적인 사회 개량을 주장하였다. 생명 없는 신학이나 교의를 싫어하여 복음의 숙독과 그 실천에 중점을 두고 직접 생활에서 실천했다. 저서에 〈행복론〉〈잠 못 이루는 밤을 위하여〉 등이 있다.

- 고기가 탐나거든 그물을 짜라.

- 만약 당신이 지금 인생에서 가장 외롭고 쓸쓸한 시기에 있다면 미래에 대해 미리 상상한다든가, 혹은 어느 것도 돌이킬 수 없는 과거를 회상하는 따위에 빠져서는 안 된다. 오히려 아주 바쁘게 움직이며, 마음속에서 부질없는 고통이나 걱정을 제거해 주는 실질적인 일을 계획하라. 그러면 어느 날 아마도 당신이 그 일을 미처 끝내기도 전에 당신이 바라던 변화가 갑자기 찾아들 것이다.

- 기쁨이 무엇인가는 원래 많은 괴로움을 참아 낸 사람들만이 알고 있다. 그 밖의 사람들은 진정한 기쁨과는 거리가 먼 단순한 쾌락을 알고 있는 데 불과하다.

• 행복도 하나의 기술이다. 즉, 자기 자신 속에서 발견하는 기술이 필요하다.

• 행복의 원천은 감성 속에 있는 것이 아니라 활동 속에 있다.

• 행복, 그것은 그대의 '앞길을 가로막고 서 있는 사자(lion)'이다. 대부분의 사람이 그것을 보고 되돌아서고 만다. 그리하여 행복과는 아무 관련 없는 어떤 시시한 것으로 만족해 버린다.

• 인간의 모든 성질 중에서 질투는 가장 추악하고, 허영심은 가장 위험하다.

• 모든 곤란은 차라리 인생의 벗이다.

• 휴식이 끝난 뒤에 자기도 모르게 일이 잘 진행되는 경우가 있다. 수많은 문제점들이 해결되고 사고는 풍부해지며 화술은 세련되어진다. 잠시 휴식을 취한 뒤에는 마치 밭을 갈지 않고 뿌린 씨앗이 성장하여 힘 안 들이고 곡식을 수확하는 것처럼 일이 쉽게 진척되는 경우가 많다.

니체
(1844~1900)

> '신은 죽었다'고 선언한 독일의 실존주의 철학자·시인. 그리스도교에 바탕을 둔 근대 유럽 문화와 세계관을 비판하고 새로운 '삶의 철학'을 주장하였다. 〈인간적인 너무나 인간적인〉〈자라투스트라는 이렇게 말했다〉〈비극의 탄생〉 등의 저서가 있다.

• 소에게 배울 것이 한 가지 있다.
다름 아닌 반추(反芻)하는 일이다.

• 언젠가 날기를 배우려는 사람은 우선 서고, 걷고, 달리고, 오르고, 춤추는 것을 배워야 한다. 사람은 곧바로 날 수는 없다.

• 하루의 생활을 다음과 같이 시작하면 좋을 것이다. 즉, 눈을 떴을 때 오늘 단 한 사람에게라도 좋으니 그가 기뻐할 만한 무슨 일을 할 수 없을까, 생각하라.

• 차라리 고난 속에 인생의 기쁨이 있다. 풍파 없는 항해, 얼마나 단조로운가! 고난이 심할수록 내 가슴은 뛴다.

- 동정은 최고의 모욕이다.

- 침묵당하는 모든 진실은 독이 된다.

- 음악이 없는 삶은 잘못된 삶이며, 피곤한 삶이며, 유배당한 삶이기도 하다.

- 아무것도 버릴 수 없는 자는 아무것도 느낄 수 없다.

- 나를 화나게 하는 것은 당신이 거짓말을 했다는 사실이 아니라 이제 내가 당신을 믿을 수 없게 되었다는 사실이다.

talk 토크 히틀러의 시녀로 전락한 니체의 사상

니체는 그리스도교적·민주주의적 윤리를 약자의 노예 도덕으로 간주하고, 강자의 군주 도덕을 찬양하였다. 이를 이룰 수 있는 자를 '초인(超人)'이라고 명명했다. 즉, 초인이란 인류의 존재에 정당성을 부여하는 뛰어난 인간을 말한다.

그런데 불행하게도 니체의 이러한 생각은 히틀러에 의해 왜곡되었다. 지독한 유대 인 혐오주의자였던 니체의 여동생 엘리자베트가 히틀러에게 "오빠(니체)가 말한 '초인'은 바로 당신을 염두에 둔 것"이라고 말했다. 이에 잔뜩 고무된 히틀러는 노예적이라고 생각되는 유대 인을 마구 학살했다. 이로써 니체는 '나치스 철학자'라는 오명을 얻었다.

그 불명예는 훗날 하이데거에 의해 벗겨졌다.

러셀
(1872~1970)

> 영국의 사상가·사회 평론가·철학자. 수학자로서 출발하여 기호 논리학을 집대성하였으며, 분석 철학의 기초를 쌓았다. 정치·교육·문화의 각 분야에서 광범한 저작 활동을 했고, 노벨 문학상을 수상했다. 제2차 세계 대전 뒤 핵무기 반대 활동을 하기도 했다.

• 나는 일하다 죽고 싶다.

• 사랑을 모르는 사람은 인생을 모르는 사람이다. 만약에 사랑을 모르는 사람이 있다면 그는 이미 죽은 사람이나 다름없다.

• 모두 자신의 행복을 바란다. 하지만, 기술적으로 하나가 된 오늘날의 세계에서는, 자신의 행복을 바라더라도 남의 행복을 바라는 마음과 하나가 되지 않는 한 그것은 아무 소용이 없다.

• 강한 자존감은 당신이 전쟁에서 포로가 되었을 때 당신을 비굴해지지 않도록 해 줄 것이고, 당신이 세상에 맞서 싸울 때 당신의 행동에 대해 옳은 확신을 가져다줄 것이다.

• 어느 정도 성공한 사람이 어떤 실수나 실패로 해서 몸을 망치는 것은 그 실수나 실패에 대해서 너무 상심하기 때문이다. 실패나 실수는 되도록 빨리 마음속에서 떨쳐 버리는 것이 좋다. 때로는 체념이 행복의 중요한 조건임을 잊어서는 안 된다.

• 사랑은 성욕을 초월한 것이다. 그것은 인생의 절반에서 많은 남녀가 괴롭고 외로운 고독의 늪에서 도피하기 위한 중요한 수단이다.

• 고민은 어떤 일을 시작하였기 때문에 생기기보다는 일을 할까 말까 망설이는 데서 더 많이 생긴다. 성공하고 못하고는 하늘에 맡겨 두는 게 좋다. 모든 일은 망설이기보다는 불완전한 채로 시작하는 것이 한 걸음 앞서는 것이 된다. 재능 있는 사람이 이따금 무능하게 되는 것은 성격이 우유부단하기 때문이다. 망설이기보다는 차라리 실패를 선택하라.

• 좋은 친구가 생기기를 기다리는 것보다 스스로가 누군가의 친구가 되었을 때 행복하다.

• 불행한 사람은 언제나 자기가 불행하다는 것을 자랑삼는 사람이다.

사르트르

(1905~1980)

> 프랑스의 철학자·작가. 무신론적 실존주의를 제창하였으며, 문학·철학 작품 집필에서부터 정치 평론에 이르기까지 광범위하게 활동했다. 소설〈구토〉〈자유에의 길〉, 철학서〈존재와 무〉등의 저서가 있다. 1964년 노벨 문학상을 거절한 것으로 유명하다.

• 나의 생각이 곧 '나'이다. 그것이 내가 생각을 멈출 수 없는 이유이다. 내가 생각하는 것을 멈출 수 없다는 것을 내가 생각하기 때문에 나는 존재한다.

• 가장 멋진 일은 너에게 있어서 가장 어려운 일이 아니다. 가장 멋진 일은 네가 가장 잘하는 일이다.

• 하루에 16시간 이상 일하는 사람은 성인(聖人)이 될 수 없다.

• 인생은 B(birth:탄생)와 D(death:죽음) 사이의 C(choice:선택)이다.

• 정치는 과학이다. 당신은 정치를 통해 당신이 옳고 다른 사람이 틀렸음을 증명할 수 있다.

• 인간은 현재 가지고 있는 것의 총합이 아닌, 아직 가지지 않았지만 가질 수 있는 것들의 총합이다.

• 인간은 그의 본성과 선택에 대한 전적인 책임을 져야 한다.

• 인간은 구제할 길 없는 자유를 타고난다. 인간은 일단 세계에 내던져지고, 그가 행한 모든 일에 대한 책임을 지게 된다.

• 신(god)도 없고, 영원한 진리도 없다.

• 만일 문학이 모든 것이 아니라면, 문학은 어느 누군가의 걱정거리에 시간을 허비하는 것과 같다.

• 자유란 당신에게 주어진 일을 다시 창조(創造)하는 일이다.

• 욕망이 없었다면 인간은 이 지구상에 살아남지 못했을 것이다.

• 나는 그 단어와 함께할 때면 모든 것이 혼란스러워진다. 그 단어는 믿음이다.

- 신은 없다. 신은 인간의 고독을 의미한다.

- 인간은 자신의 선택에 의해 이루어진 존재이다.

- 만약 실존이 본질에 앞선다면, 즉 우리가 실존하고 있다는 사실이 우리를 필연성에 의해 경감시키지 않고, 또한 우리들의 행동을 통해서 마침내 우리의 본질을 창조해 낼 수 있다면, 그렇다면 우리는 우리가 살아가는 동안 자유에 맡겨질 것이다.

- 타인은 지옥이다.

talk 토크 사르트르와 보부아르의 '계약 결혼'

사르트르는 1929년에 보부아르와 계약을 맺고 법적인 부부와 같은 생활을 했다.
"우리는 결코 완전한 남이 되는 일은 없을 것이다. 둘 중 어느 한쪽이 상대를 찾을 때는 반드시 응할 것, 그리고 우리 두 사람의 결합 이상 가는 것은 아무것도 없을 것이다. 그러나 그것이 속박과 습관에 빠지지 않도록 온 힘을 다하여 그런 부패에서 지키지 않으면 안 된다."
두 사람의 계약 결혼은 원래는 2년 예정이었으나 평생 지속되었으며, 그들을 흉내 낸 결혼 형태를 택하는 커플들이 생겨났다.
사르트르보다 3살 연하인 보부아르는 사르트르 실존주의 철학의 충실한 제자이자 동지로서 인간의 자유와 책임을 추구하고 여성 해방 운동을 전개한 당대 프랑스 최고의 여류 지성이다.

문학가
(소설·시·희곡·평론·동화)

이솝

(기원전 620?~560?)

고대 그리스의 우화 작가. 이솝은 영어 이름이고 그리스 이름은 아이소포스. 사모스 왕의 노예로 굉장히 심한 추남이었다. 기지와 해학, 화술이 매우 뛰어나 노예에서 해방된 뒤 여기저기 떠돌며 사람들에게 우화를 들려줘 인기를 모았다고 한다.

• 어리석은 사람은 좋은 옷으로도 자신의 어리석음을 가리지 못한다.

• 어느 누구도 이 세상에서 최고의 존재가 된다는 것은 불가능하다. 그렇기 때문에 사람은 어느 정도 운명에 대한 체념이 있어야 한다.

• 안심하면서 먹는 한 조각 빵이 근심하면서 먹는 잔치보다 낫다.

• 불행한 사람들은 자기보다 더욱 불행한 사람들을 보고 위안받는다.

• 제대로 쓰지도 않는 재산을 가지고 있는 것은 결국 한 푼도 가지고 있지 않은 것이나 다를 바 없다.

• 살찐 노예가 되느니 차라리 굶어 죽는 한이 있더라도 자유를 누리는 것이 훨씬 값지다.

• 한 장소에서 불만을 내뱉는 사람이 다른 장소에 가서는 긍정적인 말을 꺼낸다는 것은 거의 말도 안 되는 일이다.

• 우리들이 기도할 때 쏟는 정성만큼 삶에서도 그렇게 노력하지 않는다면 우리들의 기도가 천지신명에게 받아들여지도록 아무리 기도한들 그것은 헛수고에 그칠 뿐이다.

talk 토크 — 세계 최초, 최고의 우화 작가 '이솝'

우화란 인격화한 동·식물을 주인공으로 등장시켜 그들의 행동 속에 풍자와 교훈의 뜻을 나타내는 이야기로, 일반적으로 사람의 어리석음과 약점을 부각시키기 위하여 지어낸다. 서양의 우화는 〈이솝 우화〉가 그 시초로 여겨지며, 고전 작가로는 호라티우스, 플루타르코스, 루키아노스 등이 꼽힌다.

중세에는 동물 담시(譚詩)라는 대중인 형식을 낳았는데, 12세기의 〈여우 이야기〉가 대표적이다. 그 후 17세기에 프랑스의 라퐁텐이 우화 작가로 활약했으며, 19세기 들어 우화는 아동 문학이 일어나면서 새롭게 각광을 받기 시작했다.

우리나라의 우화로는 〈삼국사기〉에 실린 〈화왕계(花王戒)〉〈구토지설(龜兎之說)〉 등이 가장 오래되었으며, 〈전우치전〉〈국순전〉 등도 우화로 볼 수 있다.

단테
(1265~1321)

> 이탈리아의 시인. 피렌체의 정치적 대립에 연루되어 망명 생활로 일생의 절반을 보냈다. 시(詩)를 통해 중세의 정신을 종합하였으며, 르네상스의 선구자가 되었다. 대표작인 〈신곡〉을 비롯하여 〈신생(新生)〉〈속오론〉 등의 작품이 있다.

• 참으로 지혜로운 이는 허송세월을 가장 슬퍼한다.

• 얻어먹는 빵이 얼마나 딱딱하고, 남의집살이가 얼마나 고된 것인가를 스스로 경험해 보라. 추위에 떨어 본 사람이 태양의 소중함을 알듯이, 인생의 힘겨움을 통과한 사람만이 삶의 존귀함을 안다. 인간은 경험을 통해서 조금씩 성장해 간다.

• 그대의 길을 가라. 남들이 뭐라고 하든 내버려 두어라.

• 양심은 스스로 돌아보아 부끄럽지 않다는 자각을 갑옷 삼아, 아무것도 두렵게 하지 않는 좋은 친구이다.

• 자연은 신의 예술품이다.

• 한 걸음 한 걸음 천천히 걸어가도 목적지에 도달할 수 있다고 생각해서는 안 된다. 한 걸음 한 걸음 그 자체에 가치가 있어야 한다. 큰 성과는 가치 있는 일들이 모여 이룩되는 것이다. 실속 있는 성과를 얻으려면 한 걸음 한 걸음이 충실하지 않으면 안 된다.

• 역경에 처했을 때 행복한 나날을 그리워하는 것만큼 고통스러운 일은 없다.

• 현명한 사람에게는 하루하루가 새 삶이다. 오늘이라는 날은 두 번 다시 오지 않음을 잊지 마라.

talk 토크 첫사랑 '베아트리체'를 잊지 못한 단테

단테는 9세 때 베아트리체라는 아름다운 소녀를 보고 첫눈에 반해, 죽을 때까지 그녀를 잊지 못했다. 끝내는 자신의 작품 속에 그녀를 영원히 살려 놓았다.
40년에 걸쳐 완성한 장편 서사시 〈신곡〉은 온전히 베아트리체를 위한 작품이다.
'지옥편'은 첫사랑을 잃은 뒤 타락한 생활을 하는 단테 자신의 모습이, '연옥편'은 영혼이 갱생하는 고통스런 과정이 반영되어 있다. '천국편'에서 단테는 자신의 첫사랑이자 우상이었던 베아트리체를 만나 그녀의 안내로 천국을 유람한다. 평생을 간직해 온 베아트리체의 영상을 천사로 만들어 영생하게 한 것이다.
T. S. 엘리엇은 〈신곡〉을 읽고, "서양의 문학사는 셰익스피어와 단테가 나눠 가졌다."고 말했다고 한다.

세르반테스
(1547~1616)

> 에스파냐(스페인)의 시인·소설가. 정규 교육을 받지 못했지만 불후의 명작 장편 소설 〈돈키호테〉를 남겼다. 레판토 해전 때 입은 부상으로 평생 왼손을 사용하지 못했고, 해적에게 잡혀 노예 생활을 했으며, 세금 징수원으로 일하다 수감 생활을 하기도 했다.

• 재산을 잃은 사람은 많은 것을 잃은 것이고, 친구를 잃은 사람은 더 많은 것을 잃은 것이며, 용기를 잃은 사람은 모든 것을 다 잃은 것이다.

• 말을 할 때는 짧게 하라. 말이 길면 아무도 주의를 기울여 주지 않는다.

• 사랑은 이상한 안경을 쓰고 있다. 구리를 황금으로, 가난함을 풍족함으로 보이게 하는 안경을 쓰고 있다. 눈에 난 다래끼조차 진주알같이 보이게 한다.

• 햇빛이 있는 동안 건초를 만들어라.

• 보통 사람과 똑같이 하면서 보통 사람보다 낫기를 바랄 수는 없다.

- 붓은 마음의 혀이다.

- 정직은 최선의 방책이다.

- 친구를 보면 그 사람을 알 수 있다. 친구는 '제2의 나'이기 때문이다.

세르반테스

- 로마는 하루아침에 이루어지지 않았다.

- 과음(過飮)은 비밀을 흘리고 신용을 잃게 만든다.

- 수면은 피로한 마음의 가장 좋은 약이다.

'talk 토크' '돈키호테형'이란 인간형을 창조한 세르반테스

세르반테스는 1605년에 장편 소설〈돈키호테〉1부를 발표하여 호평을 받았다. 그 10년 뒤인 1615년에 2부를 발표하여 작품을 완성했다. 과대망상에 빠진 주인공 돈키호테가 부하 산초 판사를 데리고 기사(騎士) 수업에 나서 갖가지 익살스런 일을 저지르며 수많은 모험을 겪는다는 줄거리이다.

현실을 무시하고 자기 나름의 정의감에 불타 저돌적으로 행동하는 인간형을 가리켜 '돈키호테형'이라고 부르는데, 바로 세르반테스의 소설〈돈키호테〉의 주인공에서 유래한다. 이와는 정반대로 결단이나 실행력이 약한 인간형을 '햄릿형'이라고 한다.

에스파냐에서는 "셰익스피어하고도 바꾸지 않겠다"고 말할 만큼 세르반테스에 대한 자부심이 대단하다.

셰익스피어
(1564~1616)

> 영국의 극작가이자 시인. 인간 세계의 갖가지 희극·비극을 그려 많은 명작을 남겼다. 비극 〈햄릿〉 〈맥베스〉 〈오셀로〉 〈리어 왕〉, 희극 〈베니스의 상인〉 〈한여름 밤의 꿈〉 〈말괄량이 길들이기〉, 사극 〈헨리 8세〉 등 30여 편의 희곡과 소네트집·시집을 남겼다.

• 자신의 장점은 칭찬하고, 단점은 인정하라.

• 약한 자여, 그대 이름은 여자이니라.

• 여자는 약하나 어머니는 강하다.

• 말리면 말릴수록 불타는 것이 사랑이다. 졸졸 흐르는 시냇물도 막으면 막을수록 거세게 흐른다.

• 배반당하는 자는 배반으로 인해서 상처를 입게 되지만, 배반하는 자는 한층 더 비참한 상태에 놓이게 마련이다.

• 명예는 물 위의 파문(波紋)과 같으니, 결국은 무(無)로 끝난다.

• 현실의 공포는 마음에 그리는 공포만큼 두렵지 않다.

• 험한 언덕을 오르려면 처음에는 천천히 걸어야 한다.

• 미덕을 몸에 익히지 못했다면 하다 못해 그 시늉이라도 하라.

셰익스피어

• 당신의 입술에게 경멸하는 말을 가르치지 마라. 그 입술은 입맞춤하려고 있는 것이지 경멸의 말을 하기 위해 만들어진 게 아니다.

• 남의 잘못에 대해서 관용하라. 오늘 저지른 남의 잘못은 어제의 내 잘못이었던 것을 생각하라. 잘못이 없는 사람은 하나도 없다. 완전하지 못한 것이 사람이라는 점을 항상 생각해야 한다.

• 일 년 내내 노는 날이 지속된다면 놀이도 일과 마찬가지로 따분한 것이 된다.

• 죽음이 다가오는 것을 그처럼 두려워한다는 것은 바로 생전의 사악한 생활의 증거이다.

• 무식은 신의 저주이며, 지식은 하늘에 이르는 날개이다.

• 고통이여, 괴로움이여, 엎친 데 덮치며 오너라! 그 뒤에는 언제나 그만큼의 즐거움이 있으니!

• 정직만큼 부유한 유산도 없다.

• 호주머니에 들어 있는 1페니보다 친구 한 명이 더 소중하다.

• 돈은 빌려 주지도 말고 빌리지도 마라. 빌린 사람은 기가 죽고, 빌려 준 사람도 자칫하면 그 본전은 물론 그 친구까지도 잃게 된다.

talk토크 인도와도 바꾸지 않을 만큼 소중한 작가

영국 사람들의 셰익스피어에 대한 사랑은 유난스럽다. 셰익스피어는 영국의 자랑거리이자 상징적인 존재이다. 오죽하면 인도를 준대도 셰익스피어를 내놓지 않겠다는 말이 나왔겠는가.
한편, 에스파냐 사람들은 〈돈키호테〉의 작가 세르반테스를 셰익스피어에 뒤지지 않을 작가로 존경한다. 세르반테스를 셰익스피어하고도 바꾸지 않겠다는 말까지 탄생했다.
우연의 일치인지, 셰익스피어와 세르반테스는 같은 해 같은 날 (1616년 4월 23일) 죽었다.

그라시안
(1601~1658)

> 에스파냐(스페인)를 대표하는 철학자이자 작가로 생전의 많은 작품들이 사후에 높은 평가를 받아 세상에 알려졌다. 간결한 표현과 복잡한 사유 양식의 하나인 '기상주의(奇想主義)'의 대표이다. 저서에 〈비평쟁이〉 〈미묘함과 천재 예술〉 등이 있다.

• 조급한 마음으로 치밀한 계획도 없이 벽돌부터 쌓는다면 실패할 수밖에 없다.

• 기회는 폭풍과 같아서 일단 지나가면 두 번 다시 돌아오지 않는다.

• 그 사람의 미덕과 인품에 이끌려 자신도 모르게 가까이 다가갈 때, 비로소 사랑은 시작된다.

• 신중한 사람은 친절하다고 해서 쉽게 좋아하지도 않고, 냉담하다고 해서 쉽게 화를 내지도 않는다. 변덕은 인간의 특징이기 때문이다.

• 금속은 소리로 그 재질을 알 수 있지만, 사랑은 대화를 통해서 서로의 존재를 확인해야 한다.

• 천재성은 대다수의 사람들에게 존재한다. 그러나 천재는 대중과는 다른 길을 걷는다. 평범한 사람들이 중도에 단념해 버리는 일을 천재들은 창조적인 사고력과 탐구욕을 무한히 펼쳐 기적을 낳는다.

• 성실한 행동만으로는 일을 올바르게 처리할 수 없다. 성실과 지혜가 제대로 결합해야만 일을 완성할 수 있다.

• 실천하지 않고 언제나 생각만 하는 사람은 삶을 비관적으로 만들고, 생각하지 않고 무조건 행동하는 사람은 함정에 빠진다.

• 세상은 그대의 의지에 따라 그 모습이 변한다. 동일한 상황에서도 어떤 사람은 절망하고, 어떤 사람은 여유 있는 마음으로 행복을 즐긴다.

• 지식조차도 시대에 맞는 것이어야 한다. 그렇지 않으면 지식이 있어도 무지한 자가 된다.

• 전임자와 어깨를 나란히 하려면, 두 배로 일을 해야 한다.

밀턴
(1608~1674)

> 영국의 시인. 종교 개혁 정신의 부흥, 정치적 자유, 공화제 등을 지지하다가 탄압을 받고 실명(失明)의 비운을 달래면서 장편 서사시 〈실낙원(失樂園)〉과 〈복낙원(復樂園)〉을 완성했다.

• 한 권의 좋은 책은 위대한 정신의 귀중한 활력소이고, 삶을 초월하여 보존하려고 방부 처리하여 둔 보물이다.

• 마음이 천국을 만들기도 하고 지옥을 만들기도 한다.

• 어떤 자유보다도 먼저, 알 수 있는 자유, 말할 수 있는 자유, 양심에 따라 주장할 수 있는 자유를 달라.

• 나쁜 소문은 천 리를 가지만 좋은 소문은 문밖에도 나가지 않는다.

• 죽음은 영원한 궁정의 문을 여는 황금 열쇠이다.

• 실명(失明)이 비참한 것이 아니라, 실명을 이겨 낼 수 없는 나약함이 비참한 것이다.

괴테
(1749~1832)

독일의 시인·소설가·극작가. 독일 고전주의를 대표하는 세계적인 대문호. 그의 작품은 모두 자기 체험의 고백과 참회이며, 〈젊은 베르테르의 슬픔〉〈시(詩)와 진실〉〈빌헬름 마이스터의 편력 시대〉〈파우스트〉 등이 유명하다.

• 눈물과 더불어 빵을 먹어 보지 않은 사람은 인생의 참다운 맛을 모른다.

• 모든 것은 젊었을 때 구해야 한다. 젊음은 그 자체가 하나의 빛이다. 빛이 흐려지기 전에 열심히 구해야 한다. 젊은 시절에 열심히 찾고 구한 사람은 늙어서 풍성하다.

• 몸가짐은 각자가 자기의 모습을 비추는 거울이다.

• 30분이란 티끌처럼 짧은 시간이라고 말하지 말고, 그동안이라도 티끌과 같은 일을 처리하는 것이 현명한 방법이다.

• 선(善)을 행하는 데는 나중이라는 말이 필요 없다.

• 생명은 자연의 가장 아름다운 발명이며, 죽음은 더 많은 생명을 얻기 위한 기교이다.

• 선의의 말이 좋은 장소를 점령한다면, 겸허한 말은 보다 좋은 곳을 점령한다.

• 괴로움이 남기고 간 것을 맛보아라. 고통도 지나고 나면 달콤하다.

• 애인의 결점을 아름다움으로 생각하지 않는다면, 그것은 사랑하지 않는다는 증거이다.

• 여성을 소중히 지킬 수 없는 남자는 여성의 사랑을 받을 자격이 없다.

• 재물을 잃는다는 것은 어느 정도 잃는 것이다. 명예를 잃는다는 것은 많은 것을 잃는 것이다. 용기를 잃는다는 것은 모든 것을 잃는 것이다. 용기가 없다면 당신은 차라리 태어나지 않는 편이 나을 뻔했다.

• 남의 좋은 점을 발견할 줄 알아야 한다. 그리고 남을 칭찬할 줄도 알아야 한다. 그것은 남을 자기와 동등한 인격으로 생각한다는 의미를 갖는다.

• 배는 항구에 있을 때 가장 안전하지만, 그것이 배의 존재 이유는 아니다.

• 사람이 여행을 하는 것은 도착하기 위해서가 아니라 여행을 하기 위해서이다.

• 한 가닥 머리카락조차도 그림자를 던진다.

• 무식한 것을 두려워하지 마라. 허위의 지식을 가지고 있음을 두려워하라.

talk 토크 '베르테르 효과'란 신조어를 낳은 소설

유명인들의 잇단 자살이 사회적 이슈가 되고 있다. 세인의 관심을 한 몸에 받는 인기 연예인이나 유명 인사들의 죽음은 동조 또는 모방 자살을 일으키는 무서운 파급 효과가 있기 때문이다. 이처럼 유명인이 자살한 뒤 유사한 방식의 자살이 잇따라 일어나는 현상을 '베르테르 효과'라고 한다.

베르테르는 괴테의 장편 소설 〈젊은 베르테르의 슬픔〉의 남자 주인공으로 약혼자가 있는 로테를 사랑하다 권총으로 자살한다. 이 소설은 당시 문학계에 센세이션을 일으키며 유럽 전역에서 불티나게 팔려 나갔다.

미국의 사회학자 필립스는 20년 동안 자살을 연구하면서, 자신이 모델로 삼거나 존경하던 인물, 또는 사회적으로 영향력 있는 유명인이 자살할 경우, 그 사람과 자신을 동일시해서 자살을 시도하는 현상이 있음을 발견했다. 그는 이런 현상을 '베르테르 효과'라고 명명했다.

실러
(1759~1805)

독일의 시인·극작가. 처녀작 〈군도〉를 발표하고 괴테와 함께 개성 해방의 문학 운동을 대표했다. 칸트 철학의 영향을 받아 역사의 흐름과 개인의 자유의 갈등을 그린 역사극을 썼다. 〈오를레앙의 처녀〉〈빌헬름 텔〉 등의 작품이 있다.

• 시간의 걸음에는 세 가지가 있다. 미래는 주저하면서 다가오고, 현재는 화살처럼 날아가고, 과거는 영원히 정지하고 있다.

• 친구는 기쁨을 두 배로 늘려 주고, 슬픔을 반으로 줄여 준다.

• 지나치게 숙고(熟考)하는 인간은 큰일을 성취하지 못한다.

• 우리가 두려워하는 공포는 종종 허상에 불과하지만, 그럼에도 불구하고 실제로 고통을 초래한다.

• 법률은 단 한 명의 위인도 낳은 적이 없지만, 자유는 더없이 위대한 사람들을 탄생시킨다.

워즈워스

(1770~1850)

> 영국의 시인. 시골의 순박한 어린이와 어른의 모습을 간결한 필치로 그리고, 내면의 세계를 깊이 있게 표현했다. 콜리지와 함께 공동 시집 〈서정 민요집〉을 발표함으로써 낭만주의 부활의 한 시기를 이룩했다. 〈무지개〉〈추수하는 아가씨〉 등이 유명하다.

- 강물은 자기의 아름다운 의지에 따라 흐른다.

- 두 가지 사업을 두고 무엇을 할 것인가 망설이는 사람은 결국 아무 일도 하지 못한다.

- 기고만장하게 행동하느니 차라리 허리를 굽히는 쪽이 더 지혜롭다.

- 희망이란 무엇인가? 가냘픈 풀잎에 맺힌 아침 이슬이거나, 좀 더 좁은 위태로운 길목에서 빛나는 거미줄이다.

- 시(詩)란 강력한 감정이 자연스럽게 흐르는 것이다. 그것은 고요한 가운데 회상되는 감정에서부터 솟아난다.

무지개

하늘의 무지개를 보면
내 가슴은 뛰네.
내 인생 시작할 때 그러했고,
어른이 된 지금도 그렇거늘.

늙을 때 또한 그러하겠지.
아니면 죽을지어다.
아이는 어른의 아버지.
나는 내 나날이 하루하루
자연의 경건으로 묶여지기를 바라노니.

• 자연(自然)은 그것을 사랑하는 사람을 배반하는 일이 없다.

• 인생은 죽음에 항거하는 모든 기능의 총화이다.

• 깊은 고뇌가 나의 영혼의 인간성(人間性)을 가져다주었다.

• 깨어 있는 진실은 결코 멸망하지 않는다.

스탕달
(1783~1842)

> 프랑스의 소설가. 스탕달은 필명이며, 본명은 앙리 베일. 날카로운 심리 분석과 사회 비판으로 심리주의 소설의 전통을 수립했다. 프랑스 근대 소설의 창시자로 평가받는다. 평론 〈연애론〉, 소설 〈적과 흑〉 〈파름의 수도원〉 등을 남겼다.

- 사랑은 달콤한 꽃이다. 그러나 그것을 따기 위해서는 벼랑 끝까지 갈 용기가 있어야 한다.

- 연애란 인생에서 맛볼 수 있는 최대의 기쁨이고 인간에게 주어진 광기 어린 일이다.

- 연애란 열병 같아서 의지와는 상관없이 생기고 사라진다. 결국 연애는 나이와 상관없다.

- 연애에는 한 가지 법칙밖에 없다. 그것은 사랑하는 사람을 행복하게 하는 것이다.

- 정열적으로 사랑을 해 보지 못한 사람은 인생의 절반, 그것도 아름다운 쪽의 절반을 잃은 것과 같다.

• 인생의 거의 모든 불행은 자기에 관한 일을 잘못 생각해서 생긴다. 일을 바르게 판단하는 것은 행복의 첫걸음이다.

• 사랑이란 젊은 마음에는 너무나도 강력한 즐거움이다. 다른 어떤 신앙이 연애와 어깨를 나란히 할 수 있겠는가.

• 정열이란 인생의 한 우연으로 이루어진 일에 지나지 않는다. 이 우연은 뛰어난 인간의 마음에서만 일어난다.

talk토크 '스탕달 신드롬'이란 명칭은 이렇게...

역사적으로 유명한 미술품을 감상한 사람들 가운데는 순간적으로 가슴이 뛰거나 정신적 일체감, 격렬한 흥분이나 감흥, 우울증·현기증·위경련·전신 마비 등 갖가지 분열 증세를 일으키는 경우가 있다. 이러한 현상을 '스탕달 신드롬(증후군)'이라고 한다.

프랑스의 작가 스탕달이 이탈리아 피렌체에 있는 산타크로체 성당에서 귀도 레니의 〈베아트리체 첸치〉란 작품을 감상하고 나오던 중 무릎에 힘이 빠지면서 황홀경을 경험했다는 사실을 자신의 일기에 적어 놓은 데서, 훗날 심리학자들이 붙인 명칭이다.

1885년 암스테르담 국립 미술관이 개장되던 해, 빈센트 반 고흐가 렘브란트의 그림 〈유대 인 신부〉를 보고 발이 얼어붙는 현상을 체험한다. 고흐는 친구에게 "이 그림 앞에 앉아 2주일을 더 보낼 수 있게 해 준다면 내 수명에서 10년이라도 떼어 주겠다"고 했다고 한다.

하이네
(1797~1856)

> 독일의 낭만파 시인. 독일 낭만주의의 흐름을 따른 서정시의 명작을 남겼고, 사상적으로도 반동적인 세속 세력을 비판하였으며, 풍부한 인간성을 옹호하는 풍자시·비평·기행문에도 명작을 남겼다. 시집 〈노래의 책〉〈독일, 겨울 이야기〉 등이 있다.

• 행복은 바람둥이와 같아서 언제나 같은 장소에 머무를 줄을 모른다.

• 듣기 좋은 말은 아직도 무료(無料)다.

• 가장 좋은 것은 아예 태어나지 않는 것이다. 죽음, 그것은 길고 싸늘한 밤에 불과하다. 그리고 삶은 무더운 낮에 불과하다.

• 가장 깊은 진리는 가장 깊은 사랑에 의해서만 열린다.

• 삶의 어두운 길을 인도하는 유일한 지팡이는 양심이다.

하이네

• 결혼은 어떤 나침반도 일찍이 항로를 발견한 적이 없는 거친 바다이다.

• 책은 갓난아기와 마찬가지로 태어나는 데 시간이 걸린다. 몇 주일 새에 급히 씌어진 책은 저자를 의심하게 한다.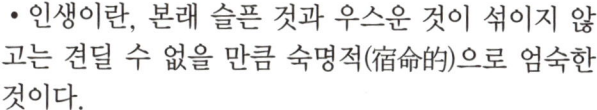

• 인생이란, 본래 슬픈 것과 우스운 것이 섞이지 않고는 견딜 수 없을 만큼 숙명적(宿命的)으로 엄숙한 것이다.

talk토크 하이네의 시에 곡을 붙인 '로렐라이'

로렐라이는 독일 라인 강 중류 강기슭에 있는 큰 바위로 '기다림의 바위'란 뜻을 갖고 있다. 이곳에는 로렐라이라는 처녀가 배신한 연인에게 절망하여 바다에 몸을 던져, 아름다운 목소리로 뱃사람을 유혹하는 반인반조(半人半鳥)의 요정으로 변했다는 전설이 있다.
이 전설은 수많은 문학 작품과 노래의 주제가 되었다. 특히 하이네가 지은 시에 작곡가 질허가 곡을 붙인 것이 유명하며, 우리나라에서도 널리 불리는 세계적인 가곡이다.
하이네의 서정시는 소박한 민요풍의 리듬과 풍부한 음감의 언어가 조화되어 형상을 명확하게 조명, 〈바닷가에서〉〈시인의 사랑〉〈노래의 날개 위에〉 등등 멘델스존, 슈베르트, 슈만 등 여러 음악가들에 의해 가곡으로 작곡되었다. 우리나라의 김소월 시가 수많은 노래로 만들어졌듯이.

푸시킨
(1799~1837)

러시아의 시인이자 소설가. 농노제 아래의 러시아 현실을 그려, 러시아 리얼리즘의 기초를 쌓아 러시아 근대 문학의 시조라 불린다. 전 세계적인 애송시 〈삶이 그대를 속일지라도〉를 비롯하여, 〈예브게니 오네긴〉 〈대위의 딸〉 등의 작품을 남겼다.

• 인간이 추구해야 할 것은 돈이 아니다. 인간이 추구해야 할 것은 다름 아닌 인간이다.

• 실패에는 달인(達人)이란 것이 없다. 사람은 누구나 실패 앞에서는 범인(凡人)이다.

• 격언이나 명언이라고 하는 것은 잘 이해할 수 없어도 놀라울 정도로 쓸모 있다.

• 어떠한 나이라도 사랑에는 약하다. 그러나 젊고 순진한 가슴에는 그것이 좋은 열매를 맺는다.

• 교육의 부재(不在)는 모든 악의 근원이다. (중략) 교육만이 새로운 혼미함이나 새로운 사회 불행을 저지할 수 있다.

삶이 그대를 속일지라도

삶이 그대를 속일지라도
슬퍼하거나 노여워 말라.
슬픔의 날을 참고 견디면
머지않아 기쁨의 날이 오리니.

현재는 언제나 슬프고 괴로운 것.
마음은 언제나 미래에 사는 것.
그리고 또 지나간 것은
항상 그리워지는 법이니.

talk 토크 — 푸시킨을 죽음으로 몰고 간 아내의 미모

푸시킨의 아내는 참으로 아름다운 이른바 '사교계의 꽃'으로 뭇남성들의 사랑을 받았다. 프랑스 망명 귀족 출신으로 러시아 황제의 근위 사관인 단테스도 푸시킨의 아내를 흠모하는 사람 가운데 하나였다. 급기야 단테스와 푸시킨의 아내 사이가 심상치 않다는 소문이 돌았다.
화가 난 푸시킨은 자신의 존엄과 명예를 지키기 위해 단테스에게 결투를 신청했다. 그 무렵 러시아에서는 결투가 금지되어 있었는데도. 결국 푸시킨은 단테스가 쏜 총에 급소를 맞고 38세란 나이에 세상을 등진다. (일설에는 그의 아내를 짝사랑한 황제가 꾸민 음모라는 이야기도 있다.)

위고
(1802~1885)

> 프랑스의 소설가·극작가·시인. 낭만주의의 거장으로서 자유주의적·인도주의적 경향을 풍부한 상상력과 장려한 문체·운율의 형식으로 드러냈다. 대표작 〈레 미제라블(장 발장)〉을 비롯하여 〈노트르담 드 파리(노트르담의 꼽추)〉〈동방 시집〉 등을 남겼다.

• 사고(思考)는 이성(理性)의 노동이고 공상은 그 즐거움이다.

• 세상에는 사랑스런 여성은 많이 있지만, 완전한 여성은 한 명도 없다.

• 노동은 생명이요, 사상이요, 광명이다.

• 복수는 개인의 일이며, 징벌은 신의 일이다. 사회는 양자의 중간에 있다. 징벌은 사회보다 이상의 것이며, 복수는 사회보다 이하의 것이다.

• 노력을 중단하는 것보다 더 위험한 것은 없다. 그것은 습관을 잃는다. 습관은, 버리기는 쉽지만 다시 들이기는 어렵다.

• 연애란 그 두 사람이 일체가 되는 것이며, 한 남자와 한 여자가 한 천사가 되어 융합하는 것이다. 그것은 천국이다.

• 궁핍은 영혼과 정신을 낳고, 불행은 위대한 인물을 낳는다.

위고

• 사람이 자기의 미래에 관하여 너무 알고 나면, 그의 일생은 항상 끝없는 기쁨과 공포가 뒤얽혀 한순간도 평안할 때가 없을 것이다.

• 인간에게는 세 가지 싸움이 있다. 첫째는 인간과 자연과의 싸움이요, 둘째는 인간과 사회와의 싸움이요, 셋째는 인간과 자기 마음과의 싸움이다.

• 독수리와 참새의 평등, 벌새와 박쥐의 평등, 어떤 크기의 새도 똑같은 새장 속에 들어가야 하고, 어떤 눈을 가진 새도 똑같은 빛 속에 있어야 하는 평등을 나는 원치 않는다.

• 오늘의 문제는 싸우는 것이요, 내일의 문제는 이기는 것이며, 모든 날의 문제는 죽는 것이다.

롱펠로
(1807~1882)

> 미국의 시인. 역사·전승(傳承) 이야기가 담긴 시를 쉬운 말로 써 휘트먼과 함께 미국을 대표하는 국민 시인으로 큰 사랑을 받았다. 모교인 보든 대학과 하버드 대학 교수를 지냈다. 지금도 널리 애송되는 〈인생 찬가〉를 비롯하여 〈에반젤린〉 등으로 유명하다.

• 헛된 사랑이었다고 말하지 마라. 사랑은 결코 낭비되지 않았다. 비록 그것이 상대방의 마음을 윤택하게 하지 못했다고 하더라도 빗물처럼 다시 그들의 인생으로 돌아와 새로움으로 가득 채운다.

• 인생의 광풍은 아무리 심해도 일시적인 것에 불과하다. 구름 뒤엔 언제나 태양이 빛나고 있다.

• 추녀 끝에 걸어 놓은 풍경도 바람이 불지 않으면 소리가 나지 않는다. 바람이 불어야 비로소 그윽한 소리가 난다. 인생도 평온만 하다면 즐거움이 무엇인지 모른다. 곤란한 일이 있기 때문에 즐거움도 알게 된다. 기쁜 일이 있으면 슬픈 일이 있고, 즐거운 일이 있으면 괴로운 일도 있다. 이같이 희로애락이 오고가고 뒤엉켜서 인생의 교향곡이 연주되는 것이다.

• 인격이건 태도이건 스타일이건 무엇이건 간에 가장 위대한 것은 간단함이다.

• 바다에는 진주가 있고 하늘에는 별이 있다. 그러나 내 마음, 내 마음에는 항상 사랑이 있다.

• 꾸준히 참는 사람에게는 반드시 성공이라는 보수가 주어진다. 잠긴 문을 한 번 두드려서 열리지 않는다고 돌아서서는 안 된다. 오랜 시간 동안 큰 소리로 문을 두드려 보아라. 누군가 단잠에서 깨어나 문을 열어 줄 것이다.

• 쓸쓸한 듯이 과거를 보지 마라. 그것은 두 번 다시 돌아오지 않으므로, 주저하지 말고 현재를 개선하라. 그림자 같은 미래를 향해 나아가라. 두려워하지 말고 씩씩하게 용기를 갖고 나아가라.

• 사람들은 오히려 실패에서 더 많은 것을 배운다. 실패한 사람들에게는 많은 아픔이 있다. 그 아픔 속에는 시련의 세월이 있다. 시련의 세월 속을 잘 관찰해 보면, 의외로 배울 바가 많다. 넘어짐으로써 안전하게 걷는 법을 배운다고 하지 않던가. 실패를 통해서 오히려 성공의 비법을 배우도록 하자.

휘트먼
(1819~1892)

> 미국의 시인. 미국의 자연과 민주주의 등을 쉬운 말과 자유로운 형식으로 노래한 시집 〈풀잎〉을 발표하여 명성을 얻었으나 미국 시의 전통을 따르지 않았다는 비난을 받기도 했다.

• 추위에 떨어 본 사람이라야 태양의 따스함을 진실로 느낀다.

• 젊은 여자는 아름답다. 그러나 늙은 여자는 더욱 아름답다.

• 진심은 언제나 통한다. 사람들에게 참고 너그럽게 대하라. 당신이 모르는 것, 알 수 없는 것 또는 사람 수가 많든 적든 그들에게 머리를 숙여라.

• 우리들이 오늘 밤 거짓이라고 배척하는 것도 먼 옛날에는 진리였다.

• 무엇을 신성하다고 할까? 사람의 육체이노라.

• 창조의 뼈대는 사랑이다.

도스토옙스키

(1821~1881)

> 러시아의 소설가. 페트라셰프스키 사건에 관계되어 사형 선고를 받았으나 감형되어 시베리아에서 유배 생활을 하기도 했다. 인간 내면에 깃든 병적이고 모순된 세계를 밀도 있게 파헤쳤다. 〈가난한 사람들〉〈죄와 벌〉〈카라마조프의 형제〉 등을 썼다.

• 꿈을 밀고 나가는 힘은 이성이 아니라 희망이며, 두뇌가 아니라 심장이다.

• 인생, 일단 이 커다란 술잔에 입을 댄 이상, 마지막 한 방울까지 다 마셔 버리기 전엔 결코 입을 떼지 않겠다.

• 인간은 행복 이외에, 그것과 똑같은 분량의 불행이 언제나 필요하다.

• 예술가란 언제나 자신에게 귀를 기울이고 자기 귀에 들려오는 것을 마음 한구석에 솔직하게 적어 놓는 열성적인 노동자이다.

도스토옙스키

• 우리의 삶은 고통이며 공포다. 따라서 인간은 불행하다고 할 수 있다. 그러나 인간은 인생을 사랑한다. 인생은 고통과 공포를 사랑하기 때문이다.

• 고뇌를 거치지 않고는 행복을 파악할 수 없다. 황금이 불에 의해 정제되듯이 이상도 고뇌를 거침으로써 순화된다. 천상의 왕국은 노력에 의해 얻어진다.

• 인생에 있어서 가장 중요한 것은 실패했다고 해서 낙심하지 않는 일이며, 성공했다고 해서 기쁨에 도취되지 않는 것이다.

• 비록 행복이 없다 해도 인간은 사랑 하나만 있으면 얼마든지 살 수 있다.

• 돈이 있어도 이상(理想)이 없는 사람은 몰락의 길을 걷는다.

• 나는 내가 어디에서 왔는지 모른다. 나는 내가 어디로 가는지 모른다. 나는 왜 내가 존재하는지, 내가 어떤 소용이 있는지도 모른다. 단 하나 확실한 것은, 내가 곧 죽을 것이라는 사실이다. 그러나 내가 가장 모르는 것은 바로 그 죽음이다.

톨스토이
(1828~1910)

> 러시아의 소설가. 기성의 정치·사회·종교·교육 등에 맞서 당시 러시아의 국가·사회 모순을 리얼하게 그려 구도적(求道的) 내면 세계를 묘사했다. 〈유년 시대〉〈전쟁과 평화〉〈안나 카레니나〉〈부활〉〈사람은 무엇으로 사는가〉 등의 작품을 남겼다.

• 사람은 때때로 남의 결점을 파헤침으로써 자신의 존재를 돋보이게 하려고 한다. 그러나 그렇게 함으로써 자신의 결점을 드러내게 된다.

• 시간이란 없다. 있는 것은 한순간뿐이다. 그리고 그곳, 즉 한순간에 우리의 전 생활이 있다. 그러므로 이 순간에 있어서 우리는 모든 힘을 발휘해야 한다.

• 좋은 인간이란 자기의 죄는 언제까지나 잊지 않고 자기의 선행은 금방 잊는 자이다. 나쁜 인간이란 그 반대로 자기의 선행은 언제까지나 잊지 않고 죄는 쉽게 잊는 자이다.

• 다른 사람이 자신에 대해 어떤 말을 할까 항상 귀 기울이는 사람은 결코 마음의 평안을 얻지 못한다.

톨스토이

• 이 세상에 죽음만큼 확실한 것은 없다. 그런데 사람들은 월동(越冬) 준비는 하면서 죽음은 준비하지 않는다.

• 여자란 아무리 연구를 계속해도 항상 새로운 존재이다.

• 사람은 누구 할 것 없이 자신만의 짐을 지니고 살아간다. 그러나 다른 사람의 도움을 받지 않고는 살아갈 수 없다. 따라서 우리는 위로와 충고로 다른 사람을 도와주어야 한다.

• 우리는 가난을 예찬하지는 않는다. 그러나 가난에 굴하지 않는 사람은 예찬한다.

• 남자의 사명(使命)은 넓고, 여자의 사명은 깊다.

• 지난날의 행위가 앞으로의 삶에 많은 부담을 줄 것이다. 그러나 계속해서 영혼을 살찌우는 데 정진하면 삶의 방향을 바꿀 수 있다.

• 이마에 땀을 흘리며 그날의 빵을 구하라.

• 분노는 한때의 광기이다. 그러므로 이 감정을 억제하지 않으면 당신은 분노에 사로잡힐 것이다.

• 부(富)란 분뇨와 같아서 그것이 축적되면 악취를 내고, 뿌려지게 되면 땅을 비옥하게 한다.

• 최상의 행복은 일년을 마무리할 때에 연초 때의 자신보다 더 나아졌다고 느끼는 것이다.

• 한 사람의 상대자를 평생토록 사랑할 수 있다고 단언하는 것은 한 자루의 초가 영원히 탈 수 있다고 단언하는 것이나 마찬가지이다.

talk 토크 | 세계 3대 악처로 전락한 착한 아내

톨스토이의 아내 소피야는 소크라테스의 아내 크산티페, 모차르트의 아내 콘스탄체와 함께 '세계 3대 악처'로 꼽힌다.
소피야는 18세의 나이에 16세 연상인 34세의 톨스토이와 결혼해 13명의 아이를 낳고, 남편이 문학사상 최고의 걸작을 쓰도록 내조했다. 톨스토이가 젊은 시절에 쓴 책에도 소피야를 '착한 아내'라고 표현했다.
그런데 어떻게 세계적인 악처로 낙인 찍히게 되었을까?
톨스토이는 자신의 전 재산을 가난한 사람들에게 나누어 준 이야기로 유명하다. 아마도 이 문제가 아내와 갈등을 빚는 과정에서 톨스토이의 아내가 악처로 비쳐진 게 아닌가 추정되기도 한다.
톨스토이는 아내와 불화한 끝에 집을 나와 허름한 시골 역사(驛舍)에서 객사함으로써 더욱더 아내를 악처로 몰고 갔다.

입센

(1828~1906)

> 노르웨이의 극작가. 대표작 〈인형의 집〉의 주인공 '노라'를 통해 아내이자 어머니이기에 앞서 한 사람의 인간으로서 살겠다는 새로운 여성상을 그려 내 '노라이즘'이란 신조어를 탄생시키며 여성해방 운동에 큰 영향을 끼쳤다. 근대극의 창시자라 불린다.

• 아내는 남편의 인형이 아니다.

• 사회는 배와 같다. 누구나 키를 잡을 준비를 하지 않으면 안 된다.

• 자기가 나설 무대가 아닌 곳에 함부로 나서지 마라. 세상에는 빈 곳이 얼마든지 있다. 어디에나 함부로 나서는 사람은 대개 자기의 능력이 없는 자이기도 하고, 자기의 천직을 자각하고 있지 못한 자이기도 하다.

• 한 사람도 사랑해 보지 않은 사람이 인류를 사랑하기란 불가능하다.

마크 트웨인
(1835~1910)

> 미국의 소설가. 가정 형편이 어려워 인쇄공으로 일하다 미시시피 강의 뱃길 안내원으로 일했는데, 이 경험이 훗날 작품의 밑바탕이 되었다. 〈톰 소여의 모험〉〈허클베리 핀의 모험〉 등 어린이의 꿈과 용기와 슬기를 그린 명작을 남겼다.

• 교육이란 알지 못하는 바를 알도록 가르치는 것이 아니라, 행동하지 않을 때 행동하도록 가르치는 것이다.

• 세계 최고의 칼잡이는 세계 두 번째 칼잡이를 절대 두려워하지 않는다. 그가 두려워하는 것은 칼을 한 번도 잡아 본 적이 없는 무지한 적이다.

• 나는 천국이 어떻고 지옥이 어떻다는 등 말하고 싶지 않아요. 양쪽에 다 내 친구가 있거든요.

• 멋진 칭찬을 들으면 그것만 먹고도 두 달은 살 수 있다.

• 미국을 발견한 것은 멋진 일이었지만, 그 옆을 그냥 지나쳐 갔더라면 더욱 멋졌을 것이다.

모파상
(1850~1893)

프랑스의 소설가. 플로베르에게 배우고 단편 〈비곗덩어리〉로 명성을 얻었다. 명석한 문체, 훌륭한 인물·풍경·심리 묘사로 천재라는 평을 들었으나 염세와 피로로 발광하여 일찍 삶을 마감했다. 여러 단편 외에 〈여자의 일생〉〈벨 아미〉 등의 장편을 남겼다.

- 인생은 산을 오르는 것과 같다. 오르고 있는 동안 사람은 정상을 바라본다. 그리고 자기가 행복하다고 느낀다.

- 인간은 본래 고독한 존재요, 이기적인 존재이다.

- 우리는 가령 사람을 죽이고 괴롭히고 투옥시킬 수는 있어도 남의 마음을 자유롭게 지배할 수는 절대로 없다.

- 애국심은 일종의 종교다. 그것은 전쟁을 부화시키는 달걀이다.

- 사람의 일생이란 남들이 말하는 것처럼 좋지도 않거니와 나쁘지도 않다.

오스카 와일드
(1854~1900)

> 아일랜드의 시인·소설가·극작가. 스스로 유미파(唯美派)로 자처하며 미(美)를 위한 미를 제창했다. 예술 자체만을 중시하고 관습이나 규칙 등은 크게 문제 삼지 않았다. 동화 〈행복한 왕자〉, 희곡 〈살로메〉, 장편 소설 〈도리언 그레이의 초상〉 등의 작품을 남겼다.

- 인생은 모두 다음 두 가지로 성립된다. 하고 싶지만 할 수 없다, 할 수는 있지만 하고 싶지 않다.

- 예술은 모방이 끝나는 곳에서 시작된다.

- 친구의 고난을 동정하는 일은 누구나 할 수 있다. 그러나 친구의 성공에 동감하자면 매우 훌륭한 성품을 가져야 한다.

- 불만을 갖는다는 것은 그 사람뿐 아니라 국민 전체의 진보를 이루어 주는 첫걸음이다.

- 나는 아주 하찮은 일에서 느껴지는 기쁨을 좋아한다. 이것은 어려운 일에 닥쳤을 때 나를 지탱해 주는 원천과도 같은 존재이다.

• 인생과 문학을 생각하면 생각할수록 점점 더 나는 통감한다. 모든 훌륭한 것들의 배후에는 개인이 서 있으며, 인간을 만드는 것은 시대가 아니고, 시대를 창조하는 것은 인간이라는 사실을.

• 평론가의 의견이 아무리 갈라지더라도 예술가는 자기 자신과 일치한다.

• 사랑이 없는 결혼보다도 더 나쁜 것이 하나 있다. 그것은 사랑은 있지만 그 사랑이 한쪽 사람에게만 있는 결혼이다.

• 자기 자신에 대해서 모두 알고 있는 사람은 다른 사람에 대해서도 모두 알고 있다.

• 시대를 움직이는 것은 주의(主義)가 아니고 인격이다.

• 영혼은 늦게 태어나 젊게 성장한다. 그것이 인생의 희극이다. 그리고 육체는 젊게 태어나 늦게 성장한다. 그것이 인생의 비극이다.

• 젊은이들은 별 이유 없이 웃지만 그것이야말로 그들이 가진 가장 큰 매력 중의 하나이다.

버나드 쇼
(1856~1950)

> 영국의 극작가·소설가·평론가. 기지에 넘치는 문체로 19세기 영국 사회를 날카롭게 풍자한 작품으로 영국 근대극을 창시했다. 그의 생각이나 언행은 역설로 가득 차 있었다. 페이비언 협회를 설립하기도 했다. 〈인간과 초인〉 등의 작품을 남겼다.

• 인간이 현명해지는 것은 경험에 의해서가 아니고 경험에 대처하는 능력에 의해서이다.

• 미인은 처음에 볼 때는 매우 좋다. 그러나 사흘만 계속 집 안에서 상대해 보면 더 보고 싶지 않게 된다.

• 살아 있는 실패작이 죽은 걸작보다 낫다.

• '건전한 육체에 건전한 정신이 있다'는 말은 미련한 말이다. 건전한 육체는 건전한 정신의 소산이기 때문이다.

• 어버이라는 것은 하나의 중요한 직업이다. 그러나 여태까지 아이들을 위해 이 직업의 적성검사(適性檢査)를 한 적은 없다.

- 우물쭈물하다 내 이럴 줄 알았다. (버나드 쇼의 묘비명.)

- 모든 행로는 무덤에서 끝난다. 무덤은 무(無)의 입구이다.

- 뜻이 있는 곳에 길이 있다.

- 선행(善行)이란 악행(惡行)을 조심하는 것이 아니라 악행을 바라지 않는 것이다.

- 애국심이란 자기의 조국이 다른 모든 나라보다 고귀하고 우월하다고 믿는 신앙을 말한다.

- 비겁자가 되지 않고는 영웅이 될 수 없다.

- 그대가 할 일은 그대가 찾아서 하라. 그러지 않으면 그대가 해야 할 일이 끝까지 그대를 찾아다닐 것이다.

고대 로마 유적

- '로마에 가면 로마 사람들이 하는 대로 하라'는 것이 성공의 가장 확실한 길이다.

• 결혼은 그것이 최대 유혹과 최대 기회의 결합이기 때문에 인기가 있다.

• 가능한 한 일찍 결혼하는 것은 여자의 비즈니스이고, 가능한 한 늦게까지 결혼하지 않고 지내는 것은 남자의 비즈니스이다.

• 남자나 여자의 교양의 시금석(試金石)은 싸울 때 어떻게 행동하는가이다.

talk토크 이사도라 덩컨의 청혼을 거절한 이유

춤 안에 '자유의 바람'을 담은 미국 출신의 현대 무용가 이사도라 덩컨은 버나드 쇼를 열렬히 사모하여 청혼까지 했다.
"당신과 제가 결혼한다면, 당신의 지성과 저의 외모를 타고난 아기가 태어날 거예요. 그러니 우리 결혼해요."
하지만 버나드 쇼는 한 수 위였다.
"내 못생긴 얼굴에 당신의 텅 빈 머리가 될지도 모르지요."

이사도라 덩컨은 죽음 역시 참으로 드라마틱했다. 자신이 타고 다니던 붉은 스포츠카의 바퀴에 머플러가 말려 들어가는 바람에 목이 졸려 죽었다고 한다.
다음은 이사도라 덩컨의 명언이다.
"평범은 죄악이다."
"열정은 설득의 훌륭한 무기이다."
"나는 니체에게 춤을 배웠다."

체호프
(1860~1904)

> 러시아의 소설가·극작가. 인간의 속물성을 비판하고 휴머니즘에 넘치는 작품을 추구하며, 유머와 풍자가 가득한 단편을 주로 썼다. 소설 〈6호실〉〈귀여운 여인〉, 희곡 〈벚꽃 동산〉〈세 자매〉〈바냐 아저씨〉〈갈매기〉 등이 있다.

• 만일 고독을 두려워한다면 결혼을 해서는 안 된다.

• 가정 생활과 결혼 생활에서 가장 소중하고 중요한 것은 인내이다.

• 남자와 사귀지 않는 여자는 갈수록 퇴색한다. 여자와 사귀지 않는 남자는 서서히 바보가 된다.

• 평탄한 길에서도 넘어지는 수가 있다. 인간의 운명은 그런 것이다. 신 이외에는 누구도 진실을 알지 못하기 때문이다.

• 이 지상의 생활에는 절대적 행복이란 있을 수 없다. 행복은 우리에게는 없다. 드물게조차 없다. 우리는 다만 행복을 바랄 뿐이다.

• 부드러운 말로 상대를 설득하지 못하는 사람은 위엄 있는 말로도 설득하지 못한다.

• 진실을 구해 인간은 두 걸음 앞으로 나서서 한 걸음 물러선다. 고뇌와 과실과 삶에 대한 권태가 그들을 뒤로 던져 버리지만, 진실에의 열망과 불굴의 의지는 앞으로 몰아세운다.

• 남편의 사랑이 지극할 때 아내의 소망은 조그맣다.

• 사랑할 수 있다는 건 모든 걸 할 수 있다는 것이다.

• 행복하다고 하는 사람은 불행한 사람이 아무 말 없이 자신의 무거운 짐을 짊어지기 때문에 행복을 즐길 수 있는 것이다. 이처럼 불행한 사람의 침묵이 없었던들 행복 같은 것이 있을 리 없다.

• 사람은 항상 일하지 않으면 안 된다. 사람이 일함으로써 살아간다면 삶의 의미도 행복도 모두 찾아낼 수 있다.

• 인생은 철학과 위배된다. 게으름이 없는 곳에 행복은 없고, 무용(無用)한 것만이 만족을 가져다준다.

지드
(1869~1951)

> 프랑스의 소설가·비평가. 엄격한 신교(新敎) 교육과 인간성의 자유를 구하는 마음의 갈등 속에서, 영혼의 불안을 깊은 분석, 대담한 기법, 엄밀한 형식으로 묘사하여 심리 소설을 개혁했다. 노벨 문학상을 수상했다. 〈좁은 문〉〈전원 교향곡〉 등의 작품이 있다.

• 아아! 청춘, 사람은 그것을 일시적으로 소유할 뿐, 그 나머지 시간은 회상할 뿐이다.

• 미지를 향해 출발하는 사람은 누구나 외로운 모험에 만족해야 한다.

• 문 하나가 닫히면 이내 다른 문이 열린다는 것은 특별할 것 없는 인생의 규칙이다. 그러나 닫힌 문에 연연하여 열린 문을 소홀히 한다는 것이 인생의 비극이다.

• 이해는 찬성의 시작이다.

• 진실도 때론 우리를 다치게 할 수 있다. 하지만 그것은 머지않아 치료를 받을 수 있는 가벼운 상처이다.

지드

• 행복에서 행복을 회상하는 것보다 더 큰 독성은 없다.

• 가장 큰 행복이란, 사랑하고 그 사랑을 고백하는 것이다.

• 쾌락을 얻으려고 노력하는 게 아니라 노력 그 자체 속에서 쾌락을 발견하는 것, 그것이 나의 행복에의 비밀이다.

• 남도 그대만큼 할 수 있는 일이라면 하지 마라. 남도 그대만큼 할 수 있는 말이라면 말하지 마라. 쓰는 것도 마찬가지이다. 오직 그대 자신 속에 존재하는 것에 충실하라. 그렇게 함으로써 그대 자신을 없어서는 안 될 존재로 만들어라.

• 개조해야 할 것은 세계뿐이 아니라 인간이다. 그 새로운 인간은 어디서 나타날 것인가? 그것은 결코 외부로부터 오지 않는다. 친구여, 그것은 자신 속에서 발견된다는 것을 깨달으라.

• 병을 앓아 본 사람이 아니면 불행에 대한 진정한 동정심을 갖지 못한다.

릴케
(1875~1926)

> 오스트리아 태생의 독일 시인. 인상주의와 신비주의를 혼합한 근대 언어 예술의 거장으로, 인간 존재를 추구하고 종교성이 강한 독자적 경지를 개척했다. 작품에 시집 〈형상 시집〉〈두이노의 비가〉, 소설 〈말테의 수기〉, 기타 〈로댕론〉〈서간집〉 등이 있다.

• 누군가를 사랑한다는 것은, 우리의 인생 과업 중 가장 어려운 마지막 시험이다. 다른 모든 것은 그 준비 작업에 불과하다.

• 사랑받는 일은 불타오름에 지나지 않으나, 사랑하는 것은 마르지 않는 기름에 의해 빛남을 말한다. 그러므로 사랑받는 것은 사라져 버리지만 사랑하는 것은 오랫동안 지속된다.

• 사랑이란 두 개의 고독한 영혼이 서로 지키고 접촉하고 기쁨을 나누는 데 있다.

• 지금 이 순간에 그대의 행동을 다스려라. 순간의 일이 그대의 먼 장래를 결정한다. 오늘 당장 한 가지 행동을 여물게 하라!

• 죽음이란 우리에게 등을 돌린, 빛이 비치지 않는 삶의 한 측면이다.

• 이 세상의 일은 아무리 사소한 것이라도 예단(豫斷)은 금물이다.

• 복종은 반항보다도 강하다. 복종은 덤벼드는 폭력을 부끄럽게 만든다.

릴케

• 인생에는 초보자들을 위한 학급이 없다. 곧 너는 무엇이든 어려운 일을 하도록 항상 요구받는다.

• 미래는 시작되기 오래전부터, 우리 내부에서 변화하기 위해 우리들 속으로 들어온다.

• 나는 너에게 어떤 조언보다도 이것을 말하고 싶다. 네 자신 속을 탐사하라. 그리고 네 자신의 삶의 근원 안으로 깊이 탐험하라.

• 어려운 일을 통해 우리는 우리의 기쁨, 우리의 행복, 우리의 꿈을 발견해야 한다. 이 깊고도 깊은 심연을 통하여 그들은 모습을 드러낸다. 그리고 우리는 비로소 그들이 얼마나 아름다운지 알게 된다.

• 결혼에는 훌륭함이 있을지도 모른다. 그러나 결혼에 즐거움은 없다.

• 육체의 기쁨은 우리에게 주어진 훌륭하고 무한한 체험이다. 세계에 대한 인식이며, 모든 인식의 풍요이자 영광이다. 그리고 우리가 육체의 기쁨을 받아들이는 것은 나쁜 것이 아니다. 다만 나쁜 것은 대부분의 사람들이 육체의 기쁨을 남용하고 오용하기 때문이다. 그리고 우리가 육체의 기쁨을 삶의 가장 고귀한 곳에 이르는 수단으로 쓰지 않고 삶의 따분함을 메우려는 기분 전환 정도로 사용하기 때문이다.

talk토크 - 니체, 릴케, 프로이트의 사랑을 받은 루 잘로메

독일의 여류 작가 루 잘로메는 기존 도덕과 관습에 얽매이지 않고 자유로이 자아를 추구한, 당시 남성들의 로망이었다. 이지적인 용모에서 풍겨 나오는 그녀의 오묘한 매력은 주위에 늘 정신적·육체적 추종자를 불러 모았는데, 당대의 내로라하는 천재들 역시 예외가 아니었다.

그녀는 21세 때 니체를 만나 절망적인 사랑을 한 몸에 받으며 청혼까지 받았으나 거절했고, 36세 때는 14세 연하의 릴케를 만나 열렬한 사랑을 받으며 진정한 낭만을 향유했으며, 50세 때부터는 프로이트와 애정 어린 우정을 지속했다. 루는 그들과 함께 있는 것을 즐겼음에도 결코 그들에게 얽매이지 않았다.

릴케는 장미 가시에 찔린 상처가 파상풍으로 번져 죽어 가면서 루 잘로메를 찾았다고 한다.

헤세
(1877~1962)

> 독일의 소설가·시인. 현대 문명을 날카롭게 비판하고, 마음의 심오한 탐구와 동양적 신비에의 동경이 얽힌 작품을 썼다. 노벨 문학상과 괴테상을 받았다. 〈수레바퀴 밑에서〉〈데미안〉〈유리알 유희〉〈나르치스와 골드문트〉 등의 작품이 있다.

• 우리가 타인을 증오하는 것은 타인에게서 우리 속에도 있는 악을 보기 때문이다. 우리 자신 속에 없는 것은 우리를 흥분시키지 않는다.

• 땅 위에는 크고 작은 길이 많이 있다. 그러나 모두 목표하는 곳은 같다. 하지만, 마지막 한 걸음은 자기 혼자서 가야 한다.

• 말이란 신비로운 뜻을 손상시키는 법이지. 말로 표현하게 되면 곧 모든 것은 항상 그 본래의 의미가 조금은 달라지고, 조금은 변질되고, 조금은 바보같이 되어 버리지. 그래, 그렇지만 그것 또한 매우 좋은 일이고 내 마음에 드는 일이야. 어느 한 사람에게는 보물이고 지혜인 것이 다른 사람에게는 항상 바보 같은 말로 들린다는 사실에도 나는 동의하네.

헤세

• 나는 항상 믿는다. 우리가 삶 속에서 베푼 의미들은 다른 가치로서 변형되어 좋거나 나쁜 운명으로 우리의 생에 다가온다는 사실을.

• 서로 다른 사람이 되는 것은 우리의 목적이 아니다. 중요한 일은 서로 다른 개성을 지닌 사람으로 인정해 주는 것이다. 그가 하는 일을 보고 그를 존중하고, 각각의 다른 사람들을 보고 배우는 일이 중요하다.

• 삶은 단지 사랑을 통해서 그 의미를 가진다. 다시 말해서 우리가 사랑하고 헌신할 능력이 있으면 있을수록 그만큼 더 우리의 삶은 의미를 가진다.

• 구원의 길은 오른쪽으로도 왼쪽으로도 통해 있지 않다. 그것은 자기 자신의 마음으로 통한다. 거기에만 신이 있고, 거기에만 평화가 있다.

• 삶의 의미와 진실은 우리가 모르는 어딘가에 숨겨져 있지 않다. 그것들은 그들 안에서, 그들의 모든 그들 자체로서 의미이며 진실이다.

• 인간은 또한 유일무이한 존재이다. 오직 단 한 번 뿐인, 그리고 결코 다시는 돌아오지 않을 세계의 운명이, 대자연이 만들어 낸 매우 특별하며 소중하고 비범한 재능을 지닌 유일무이한 각각의 존재들이다.

• 사람은 용기와 인격으로써 나머지 생의 불운을 예측할 수 있다.

• 우리가 진실된 삶을 살아가면서 갖게 된 지혜만이 오직 값비싼 가치를 지닌다.

talk 토크 '청년 운동의 성경'이라 불리는 〈데미안〉

"새는 알을 깨고 나온다. 알은 새의 세계다. 태어나려는 자는 한 세계를 파괴해야만 한다. 새는 신에게로 날아간다. 신의 이름은 아브락사스다."

헤세의 대표작 〈데미안〉에서 데미안이 주인공 싱클레어의 책에 꽂아 준 쪽지의 내용으로 〈데미안〉을 상징하는 유명한 구절이다.

사람들은 이 작품을 '청년 운동의 성경'이라고 불렀다. 새로운 세상으로 나가기 위해 준비하는 젊은이들의 '지침서'였기 때문이다. 헤세의 작품은 특히 젊은이들에게 공감을 얻었다. 그의 많은 작품들이 젊은이들을 주인공으로 하고 있기 때문이다.

아브락사스는 그리스 신화에 나오는, 마술을 부리는 악마의 이름. 남성적인 것과 여성적인 것을 포괄하는 이 신은 끊임없이 변화와 자연의 반항 속에서 창조적이고 지속적인 세계 원칙으로서 군림하는 전 우주적 존재로, 신적인 것과 악마적인 것을 결합하는 상징적인 신을 의미한다.

지브란
(1883~1931)

> 레바논 태생의 미국 소설가·시인·화가. 유럽과 미국에서 활동하며 문학·미술·철학 등의 분야에서 많은 작품을 남겼다. 인간의 존엄을 강조한 열렬한 인권 옹호자였고, 지구의 소중함을 일깨우고 자연을 경배하고 보호해야 한다고 강조한 선각자였다.

- 그것을 갈망하는 마음속에 존재하는 아름다움은 그것을 보는 사람의 눈 속에 존재하는 아름다움보다 훨씬 숭고하다.

- 그 냄새가 아무리 감미롭다고 해도 쾌락은 부패보다 고통에 훨씬 더 가깝다.

- 낙관주의자는 장미에서 가시가 아니라 꽃을 보고, 비관주의자는 꽃을 망각하고 가시만 쳐다본다.

- 들판 위로 내리는 비가 산 위로 나타나는 구름과 다르듯이, 어떤 사람이 노출하는 면은 그가 감추고 있는 면과 다르다.

- 법의 그물은 하찮은 범죄자들만 잡도록 짜여졌다.

• 사랑은 떨리는 행복이다. 이별의 시간이 될 때까지는 사랑은 그 깊이를 알지 못한다.

• 한 인간의 심성과 이성을 이해하기 위해서는 그가 지금까지 무엇을 이미 이루어 놓았느냐가 아니라 그가 앞으로 무엇을 하고 싶어 하느냐 하는 포부를 살펴보아야 한다.

• 지옥에 대한 두려움은 그 자체가 지옥이고, 낙원에 대한 열망은 그 자체가 낙원이다.

• 인간이 기계를 발명하고 나면 그는 기계를 부리고 그러다가는 기계가 인간을 부리기 시작하여 인간은 그의 노예가 된다.

• 선물이 늘어나면 친구는 줄어든다.

• 야망도 일종의 노력이다.

• 소망과 욕망은 삶의 기능이다.

• 신은 모든 믿는 사람이 두드리기만 하면 반겨 맞기 위해 진리에다 많은 문을 달아 놓았다.

함께 있되 거리를 두라

함께 있되 거리를 두라.
그래서 하늘 바람이 너희 사이에서 춤추게 하라.
서로 사랑하라.
그러나 사랑으로 구속하지는 마라.
그보다 너희 혼과 혼의 두 언덕 사이에
출렁이는 바다를 놓아두라.
서로의 잔을 채워 주되 한쪽의 잔만을 마시지 마라.
서로의 빵을 주되 한쪽의 빵만을 먹지 마라.
함께 노래하고 춤추며 즐거워하되
서로는 혼자 있게 하라.
마치 현악기의 줄들이 하나의 음악을 울릴지라도
줄은 서로 혼자이듯이.
서로 가슴을 주라.
그러나 서로의 가슴속에 묶어 두지는 마라.
오직 큰 생명의 손길만이
너희의 가슴을 간직할 수 있다.
함께 서 있으라. 그러나 너무 가까이 서 있지는 마라.
사원의 기둥들도 서로 떨어져 있고
참나무와 삼나무는 서로의 그늘 속에선 자랄 수 없다.

헤밍웨이
(1899~1961)

> 미국의 소설가. 현실과 용감하게 싸워 패배하는 인간의 모습을 간결하고 힘찬 문체로 그렸다. 〈태양은 또다시 떠오른다〉 〈무기여 잘 있거라〉 〈누구를 위하여 종은 울리나〉 등의 작품이 있다. 〈노인과 바다〉로 노벨 문학상과 퓰리처상을 수상했다.

• 기회는 자기를 웃게 만들 줄 아는 소수의 사람들에게만 미소를 보내는 숙녀다. 쇠가 달아 있을 때에 두드리는 것도 좋은 방법이다. 그보다 좋은 것은 쇠를 두들겨서 달구는 것이다.

• 나이를 먹었다고 해서 현명해지는 것은 아니다. 조심성이 많아질 뿐이다.

• 인간은 죽을지는 모르지만 패배하지는 않는다.

• 태양은 또다시 떠오른다. 태양은 저녁이 되면 석양이 물든 지평선으로 지지만, 아침이 되면 다시 떠오른다. 태양은 결코 이 세상을 어둠이 지배하도록 놓아두지 않는다. 태양이 있는 한 절망하지 않아도 된다. 희망이 곧 태양이다.

헤밍웨이

• 자기 불신(不信)은 우리들이 실패하는 대부분의 원인이다.

• 만일 우리가 여기서 승리한다면 어느 곳에서도 승리할 것이다. 이 세상은 멋진 것이며, 싸워 볼 만한 가치가 있기에 나는 이 세상에서 떠나기를 대단히 싫어한다.

• 도덕적이라는 것은 우리가 그것에 대하여 좋게 느끼는 것이요, 부도덕이라는 것은 우리가 그것에 대해 나쁘게 느끼는 것이다. 이것이 도덕에 대해 내가 아는 전부이다.

• 겁을 먹는 것과 까닭 없이 불안한 두려움은 확실히 구별되는 것이지만, 그러나 대부분은 단지 상상력의 기능을 한때 중단시키는 능력의 결여로 보면 된다.

• 사람은 모든 길을 갈 수는 없다. 성공은 한 분야에서 얻어야 하며, 우리 직업은 오직 하나의 인생 목표로 삼아야 하며, 다른 모든 것은 이것에 종속되어야 한다. 나는 일을 어중간하게 하는 것을 싫어한다. 그것이 옳으면 대담하게 하여라. 그것이 그르면 하지 말고 버려라.

생텍쥐페리
(1900~1944)

> 프랑스의 소설가·비행사. 자신의 체험을 바탕으로 인간의 숭고함·용기·지혜 등을 다룬 작품을 남겼다. 대표작 〈어린 왕자〉를 비롯하여 〈남방 우편기〉〈야간 비행〉〈인간의 대지〉 등의 작품이 있다. 1944년 정찰 비행을 나갔다 행방불명되었다.

• 사막이 아름다운 것은 어딘가에 샘을 숨기고 있기 때문이다.

• 산다는 것은 서서히 태어나는 것이다.

• 사랑이란 서로 마주 보는 것이 아니라 함께 같은 방향을 바라보는 것이다.

• 인간은 상호 관계로 묶어지는 매듭이요, 거미줄이며, 그물이다. 이 인간관계만이 유일한 문제이다.

• 정해진 해결법 같은 것은 없다. 인생에 있는 것은 진행 중인 힘뿐이다. 그 힘을 만들어 내야 하는 것이다. 그것만 있으면 해결법 따위는 저절로 알게 된다.

• 의무의 이행이 없으면 성장도 없다.

• 부모들이 우리의 어린 시절을 꾸며 주셨으니 우리는 그들의 말년을 아름답게 꾸며 드려야 한다.

• 미래에 관한 한 그대의 할 일은 예견하는 것이 아니라 그것을 가능케 하는 것이다.

• 자유와 속박은 한가지이면서 다른 것이 되어야 하는 똑같은 필요성의 양면(兩面)이다.

talk 토크 : 세계 최고의 베스트셀러 〈어린 왕자〉

〈어린 왕자〉는 성경 다음으로 많이 팔리고 많이 읽힌 세계 최고의 베스트셀러로 알려져 있다. 제2차 세계 대전 중인 1943년에 미국에서 출간된 이래 무려 200개에 가까운 언어로 번역되어 전 세계적으로 1억 부 가까이 판매되었을 것으로 추정된다니, 입이 다물어지지 않는다.

작자인 생텍쥐페리는 〈어린 왕자〉를 친구인 레옹 베르트라는 어른에게 바친다고 헌사에서 밝히고 있다. 그러면서 다시 '어린아이였을 때의 레옹 베르트에게'라고 고쳐 쓰고 있다. 즉, 어른을 위한 동화인 동시에 어린이를 위한 동화인 것이다. 특히 그림 실력을 발휘하여 직접 삽화까지 그려 넣었다.

〈어린 왕자〉는 작품 속에 나오는 매우 의미 깊은 구절로도 유명하다. 생텍쥐페리의 명언 가운데 상당수가 〈어린 왕자〉에 나오는 구절이다.

정치가, 군인, 경제인

키케로
(기원전 106~43)

> 고대 로마의 정치가·문인·웅변가. 영어 이름은 시세로. 집정관으로서 카탈리나(로마 공화정 말기의 귀족)의 음모를 폭로하고, 국부(國父)의 칭호를 얻었다. 안토니우스를 공격하였다가 원한을 사 암살당했다. 〈국가론〉〈법률론〉〈의무론〉〈우정론〉 등을 썼다.

• 명예를 하찮게 여기라고 책에 쓰는 사람들도 자기 이름은 꼭 그 책에 쓴다.

• 눈빛과 눈썹의 움직임, 얼굴 표정은 우리를 자주 속이지만, 가장 많이 속이는 것은 혀에서 나오는 말이다.

• 일을 끝내기 전에는 무슨 일이든 불가능하다고 생각하지 마라.

• 권세자와 있을 때에 마음이 흔들리지 않고, 가난한 자와 있을 때에 그를 업신여기지 않으면 그 사람은 인격자이다.

• 행복한 생활은 마음의 평화에서 성립된다.

• 죽어서 사라진다고 생각하지 마라. 죽어 사라지는 것은 오직 육체뿐이다. 살아 있는 것은 육체 안에 살아 움직이는 영혼이다. 보이지 않는 힘이 세상을 지배하듯이, 보이지 않는 힘이 육체를 지도한다.

• 지혜의 기능은 선과 악을 구별하는 것이다.

• 행복한 생활 없이 미덕은 존재할 수 없고, 미덕 없이 행복한 생활은 존재할 수 없다.

• 우리의 영혼은 참된 자아(自我)이므로 손가락으로 지적한다고 해서 판단이 되는 존재가 아니다.

• 걷잡을 수 없는 강한 욕망을 버리고 싶거든 그 모체(母體)인 낭비를 버려라.

• 가르치는 자의 독선적인 권위는 때로는 가르침을 받고자 원하는 자를 그르친다.

〈서당〉 김홍도 畵

카이사르

(기원전 100~44)

> 로마의 군인·정치가. 영어 이름은 시저. 크라수스·폼페이우스와 함께 제1차 삼두 정치를 수립하였다. 크라수스가 죽은 뒤에 폼페이우스를 몰아내고 독재관이 되었으나, 공화 정치를 옹호한 브루투스 등에게 암살되었다. 〈갈리아 전기〉〈내란기〉 등을 썼다.

• 이미 엎질러진 물이다. 이 강을 건너면 인간 세계가 비참해지고 건너지 않으면 내가 파멸한다. 나아가자, 신들이 기다리는 곳으로. 우리의 명예를 더럽힌 적이 기다리는 곳으로. **주사위는 던져졌다.**

• 누구나 현실을 볼 수 있는 것은 아니다. 대부분의 사람은 자신이 보고 싶은 현실만을 본다.

• 아무리 나쁜 결과로 끝난 일이라 해도 애초에 그 일을 시작한 동기는 선의(善意)였다.

• 운은 한번 시험해 봐야 하지 않는가. 칼을 쓰지 않고 머리로 이기는 것은 총사령의 역량이 아닐까?

• 나는 반역은 좋아하지만 반역자는 싫어한다.

• 왔노라, 보았노라, 이겼노라.

• 내가 석방한 사람들이 다시 나한테 칼을 들이댄다 해도, 그런 일로 마음을 어지럽히고 싶지는 않소. 내가 무엇보다도 나 자신에게 요구하는 것은 내 생각에 충실하게 사는 거요. 따라서 남들도 자기 생각에 충실하게 사는 것이 당연하다고 생각하오.

• 내가 너희들의 목숨보다 나 자신의 영광을 중시한다면 나는 지휘관으로서는 실격이다.

talk 토크 — 클레오파트라의 코가 1cm만 낮았어도...

클레오파트라는 동생인 프톨레마이오스 13세와 함께 이집트를 공동 통치하다 권력 싸움에서 동생에게 밀렸으나, 카이사르의 원조를 받아 동생을 내쫓고 왕위에 올랐다. 그 후 카이사르와의 사이에 아들을 낳고 로마에 가서 살았다. 그러나 카이사르가 암살되자 다시 이집트로 돌아왔다. 그리고 자신과 이집트를 지키기 위해 안토니우스를 끌어들였다. 하지만, 안토니우스는 옥타비아누스의 누이인 옥타비아와 정략 결혼해 버렸다. 그러나 클레오파트라를 잊지 못했는지 옥타비아에게 이혼장을 보내고 클레오파트라와 결혼했다. 그러자 옥타비아를 동정하는 여론이 일면서 민심은 단번에 옥타비아누스로 기울어졌다.

이후 발발한 악티움 해전에서 안토니우스와 클레오파트라의 연합군은 옥타비아누스의 군대에 패하고, 안토니우스와 클레오파트라는 자살한다. 프랑스 사상가 파스칼은 "클레오파트라의 코가 1cm만 낮았어도 세계 역사가 달라졌을 것이다."라고 말했다.

세종 대왕
(1397~1450)

> 조선의 제4대 왕. 태종의 셋째 아들. 집현전을 두어 학문을 장려하고, '훈민정음'을 창제하였으며, 측우기·해시계 등의 과학 기구를 제작하게 하였다. 국방에도 힘써 북쪽에 4군 6진을, 남쪽에 삼포(三浦)를 두었다. 우리나라 최고의 성군(聖君)으로 꼽힌다.

• 남을 너그럽게 받아들이는 사람은 항상 사람들의 마음을 얻게 되고, 위엄과 무력으로 엄하게 다스리는 자는 항상 사람들의 노여움을 사게 된다.

• 고기는 씹을수록 맛이 난다. 그리고 책도 읽을수록 맛이 난다. 다시 읽으면서 처음에 지나쳤던 것을 발견하고, 새롭게 생각하는 것이다. 말하자면 백 번 읽고 백 번 익히는 셈이다.

• 어찌 나 같은 사람으로서 책을 백 번도 안 읽겠는가?

세종 대왕

• 나라는 백성으로써 기본으로 하고, 백성은 먹는 것을 하늘로 여긴다. 농업은 의식의 원천이니 왕도 정치(王道政治)에서 가장 먼저 해야 할 바이다.

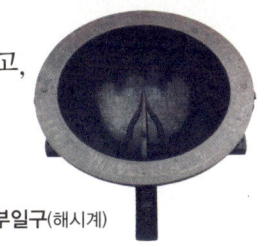

앙부일구(해시계)

• 우리나라의 말이 중국과 달라 한자와는 서로 잘 통하지 아니한다. 이런 까닭으로 어리석은 백성들이 말하고자 하는 바가 있어도 마침내 제 뜻을 펴지 못하는 사람이 많다. 내가 이를 가엾게 생각하여 새로 스물여덟 글자를 만드니, 모든 사람들로 하여금 쉬이 익혀서 날마다 쓰는 데 편하게 하고자 할 따름이니라.

훈민정음

이순신
(1545~1598)

조선 선조 때의 명장. 시호는 충무. 왜군이 침략할 것을 예견하고 거북선을 제작하는 등 군비 확충에 힘썼다. 임진왜란 때 옥포·당포·당항포·한산도 등지에서 잇달아 승리했다. 노량 해전에서 전사했다. 문장에도 뛰어나 〈난중일기〉와 여러 편의 시조를 남겼다.

- 장부가 세상에 나서 쓰일진대, 목숨을 다해 충성을 바칠 것이요, 만일 쓰이지 않으면 물러가 밭 가는 농부가 된다 해도 또한 족할 것이다.

- 싸움이 한창 급하다. 내가 죽었다는 말을 내지 마라!

- 지금 신에게는 아직도 전선 12척이 있사옵니다.

- 죽고자 하면 살고, 살고자 하면 죽는다.

- 망령되게 움직이지 말고 조용하고 무겁기를 산과 같이 하라.

- 죽게 되면 죽을 따름이다. 어찌 도리를 어기고 살기를 구하랴.

이순신

• 윗사람을 따르고 상관을 섬겨 너희들은 직책을 다하였건만, 부모를 위로하고 사랑하는 일, 나는 그런 덕이 모자랐도다. 그대 혼들을 한자리에 부르노니 여기에 차린 제물 받으오시라. (죽은 군졸들을 기리며)

• 바다에 호국의 충성을 서약하니 어룡(魚龍)조차 감동하여 꿈틀거리고, 태산에 맹세하니 초목도 다 알아채더라.

talk 토크 왜장 와키자카도 존경한 충무공 이순신

임진왜란 때 70여 척의 군선을 이끌고 우리나라를 침략했던 와키자카는 한산도 대첩에서 패한 충격으로 엿새를 굶었다고 한다. 식음을 전폐하고 자기가 왜 졌는지 생각하고 고민하던 그는 다음과 같은 글을 썼다.
"나는 이순신이라는 조선의 장수를 몰랐다. 단지 해전에서 몇 번이긴 그저 그런 조선 장수 정도일 거라고 생각했다. 하지만, 내가 겪은 그 한 번의 이순신, 그는 여느 조선의 장수와는 달랐다. 나는 그 두려움에 떨려 몇 날 며칠을 음식을 먹을 수 없었으며, 앞으로의 전쟁에 임해야 하는 장수로서 나의 직무를 다할 수 있을지 의문이 갔다."
그는 후에 이런 글도 남겼다.
"내가 제일로 두려워하는 사람은 이순신이며
가장 미운 사람도 이순신이며
가장 좋아하는 사람도 이순신이며
가장 흠숭하는 사람도 이순신이며
가장 죽이고 싶은 사람 역시 이순신이며
가장 차를 함께 들고 싶은 사람도 바로 이순신이다."

최진립

(1568~1636)

> 조선의 무신. 300여 년 동안 부(富)와 명성을 유지했던 경주 최 부잣집의 정신적 기틀을 다진 인물. 임진왜란 때 동생 최계종과 함께 의병을 일으키고, 무과에 급제한 뒤 정유재란 때 결사대를 이끌고 서생포에서 왜군을 격멸했다. 병자호란 때 전사했다.

- 나라가 있어야 가문도 있다.

경주 최 부잣집의 가훈

1. 1만 석 이상의 재산은 모두 사회에 돌려준다.
2. 주변 100리 안에 굶어 죽는 사람이 없게 한다.
3. 흉년에 논을 사지 않는다.
4. 나그네 대접을 후하게 한다.
5. 파장에 물건을 사지 않는다.
6. 벼슬은 진사 이상 하지 않는다.
7. 시집온 며느리는 3년 동안 무명옷만 입어야 한다.

체스터필드
(1694~1773)

> 영국의 정치가·외교관. 〈아들에게 보내는 편지〉〈대자(代子)에게 보내는 편지〉 등 예절, 사교술, 세속적인 성공 비법 따위를 담은, 유머와 매력이 넘치는 글의 본보기가 되는 많은 서한집을 남겼다. 당시에는 세속적인 가치관을 강조한다는 비난을 받기도 했다.

• 충고는 좀처럼 환영받지 못한다. 더구나 그것을 가장 필요로 하는 사람들이 그것을 가장 싫어한다.

• 타인과 교제하는 동안 그들에게 상응한 태도로써 대한다면 그들을 보다 나쁘게 만들 수 있다. 그러나 상대방을 실제보다 더욱 뛰어난 사람인 양 대해 준다면, 타인을 보다 나은 인간이 되도록 인도해 주는 것이 된다.

• 친절은 온갖 모순을 해결하면서 생활을 장식한다. 얽힌 것을 풀어 주고, 난해한 것을 수월하게 해 주며, 암울한 것을 환희로 바꾸어 놓는다.

• 사람의 장점과 훌륭한 예의범절은 어디에서나 번영할 것이다.

• 상처는 모욕보다 훨씬 빨리 잊혀진다.

• 세상살이에 관한 지식은 세상과 벗했을 때 얻어지는 것이지 책상 앞에서 얻을 수 있는 것이 아니다.

• 사람의 진정한 마음을 알려거든 그 사람의 얼굴을 응시하라. 왜냐하면, 사람은 얼굴보다는 말을 훨씬 더 잘 꾸미기 때문이다.

• 진보된 시대에서 지식은 우리에게 편안하고 꼭 필요한 안식처 또는 쉼터와 같은 것이다. 따라서 젊었을 때 그것을 든든하게 세워 놓지 않으면 우리는 노년에 가서 그늘을 기대하지 않는 것이 좋다.

• 태만이란 약한 마음을 가진 사람의 유일한 피난처이다.

• 인간의 본성은 어느 경우에서나 다 똑같지만, 다른 것이 있다면 단지 그것이 나타나는 방법의 차이이다.

• 불평과 거짓말은 나 자신을 약하게 만든다. 마음이 건강한 사람은 불평을 하지 않는다.

나폴레옹
(1769~1821)

> 프랑스 군인·황제. 포병 장교로 여러 전투에서 승리한 뒤 1799년에 쿠데타를 일으켜 종신 통령이 되어 프랑스 근대화에 힘썼다. 1804년에는 〈나폴레옹 법전〉을 만들고 스스로 황제에 올라 유럽 정복에 나섰다. 그러나 러시아 원정에 실패하면서 몰락했다.

• 힘이 있어도 지성이 없으면 없는 것이나 마찬가지이다.

• 우리가 어느 날엔가 마주칠 재난은 우리가 소홀히 보낸 어느 시간에 대한 보복이다.

• 숙고할 시간을 가져라. 그러나 일단 행동할 시간이 되면 생각을 멈추고 돌진하라.

• 행복을 사치한 생활 속에서 구하는 것은 마치 태양을 그림에 그려 놓고 빛이 비치기를 기다리는 것이나 다름없다.

• 한 나라의 진정한 재산은 땀 흘려 일하는 부지런한 주민의 수에 있다.

• 사람은 그가 입은 제복대로의 인간이 된다.

• 사람의 처세법에 있어서 가장 중요한 것은 정에 쏠리지 않아야 하며, 동시에 이치에도 쏠리지 않고, 두 가지를 다 억제할 줄 알아야 한다는 것이다.

• 훌륭한 사람과 어리석은 사람의 차이는 불과 한 걸음 차이이다.

• 훌륭한 장군이란 전쟁에 대한 해박한 지식, 올바른 판단력, 용기, 강한 책임감 등을 가지고 있어야 하며, 부하들을 대할 때 공정함을 잃지 말아야 한다.

• 인생에 있어 가장 중요한 것은 실패했다고 낙심하지 않는 것이며, 성공했다고 지나친 기쁨에 도취되지 않는 것이다.

• 미인은 눈을 즐겁게 하고, 어진 아내는 마음을 즐겁게 한다.

• 승리는 노력과 사랑에 의해서만 얻어진다. 승리는 가장 끈기 있게 노력하는 사람에게 간다. 어떤 고난의 한가운데 있더라도 노력으로 정복해야 한다.

- 내 사전에 불가능이란 말은 없다.

- 인생이란 당신도 나도 그것에 대해서 아무것도 알지 못하는 요새이다.

- 내 비장의 무기는 아직 손 안에 있다. 바로 희망이다.

- 민첩하고 기운차게 행동하라. '그렇지만' 이니 '만약' 이니 '왜' 니 하는 말을 앞세우지 마라. 이런 말을 앞세우지 않는 것이 승리의 제일 조건이다.

- 승리를 원한다면, 모든 것을 걸어야 한다.

- 1퍼센트의 가능성, 그것이 나의 길이다.

- 사람이란 처음에는 일을 끌고 가지만 조금 있으면 일이 사람을 끌고 가게 된다.

- 약속을 지키는 최선의 방법은 약속을 하지 않는 것이다.

- 비범한 작전이란, 유용한 것과 불가피한 것만을 시도하는 것, 바로 그것이다.

• 숭배의 대상인 동시에 두려움의 대상이 되는 것, 이것이 통치다.

• 승부는 언제나 간단하다. 적이 무엇을 원하는지를 간파해야 한다. 그리고 적으로 하여금 원하는 것, 꿈꾸는 것이 가능하다고 믿게 하는 것이다.

• 인류의 역사가 시작된 이래, 역사를 지배한 것은 항상 승리의 법칙이었다. 그 밖의 다른 법칙은 없다.

talk 토크 — 나폴레옹의 키와 진실, 나폴레옹 콤플렉스

"내 키는 땅에서부터 재면 가장 작으나, 하늘에서부터 재면 가장 크다."

키에 대해 이야기할 때 자주 등장하는 나폴레옹의 명언이다. 나폴레옹의 키에 대해서는 160이 안 된다느니, 167쯤 된다느니, 이야기가 분분하다. 어쨌든 '작은 키의 영웅' 하면 나폴레옹을 떠올리는 것이 보통이다.

그렇다고 작은 키의 대명사가 될 만큼 작은 것도 아닌데 어떻게 '나폴레옹 콤플렉스'란 말이 생겼을까?

이는 아들러라는 심리학자가 열등감을 설명하면서 대표적인 예로 나폴레옹의 작은 키를 들었기 때문이다. 아들러는, 열등감을 보상하고 극복하려고 노력하는 사람들은 우월성을 추구하게 되는데, 건강한 형태로 나타날 때는 조화와 완벽을 추구하는 상향 욕구가 있는 성격이 되지만, 신경증적 형태로 나타날 때는 권력에 대한 욕구와 타인에 대한 통제로 표현된다는 것이다. 특히 신경증적 형태로 나타나는 것을 '나폴레옹 콤플렉스'라고 명명했다.

링컨
(1809~1865)

> 미국의 제16대 대통령. 학교 교육도 제대로 받지 못했지만 독학으로 변호사가 되었다. 대통령으로서 노예를 해방하고, 남북 전쟁에서 북군을 승리로 이끌었다. '국민의, 국민에 의한, 국민을 위한 정부'라는 민주주의의 참뜻을 새긴 게티즈버그 연설로 유명하다.

• 나는 천천히 걸어가는 사람이다. 그러나 뒤로는 가지 않는다.

• 나이가 40이 넘은 사람은 자기 얼굴에 책임을 져야한다.

• 만나는 사람마다 교육의 기회로 삼아라.

• 일이란 기다리는 사람에게 갈 수는 있으나, 끊임없이 찾아 나서는 자만이 획득한다.

• 시비를 가리느라고 개에게 물리느니 차라리 개에게 길을 양보하는 것이 현명하다. 개를 죽여 본들 상처는 치유될 수 없다.

• 나는 계속 배우면서 나를 갖추어 간다. 언젠가는 기회가 올 것이다.

• 어떤 일을 할 수 있고, 해야 한다고 생각하면, 길은 열리기 마련이다.

• 나에게는 밤낮으로 무서운 긴장이 생겼다. 만약 내가 웃지 않았다면 나는 이미 죽은 지 오래되었을 것이다.

• 내가 걷는 길은 험하고 미끄러웠다. 그래서 나는 자꾸만 미끄러져 길바닥에 넘어지곤 했다. 그러나 나는 곧 기운을 차리고 내 자신에게 말했다. "괜찮아. 길이 약간 미끄럽긴 하지만 낭떠러지는 아니야."

• 사람이 얼마나 행복하게 될 것인지는 자기 결심에 달려 있다.

• 나는 어릴 때 집안 형편이 어려워 온갖 고생을 하며 자랐다. 겨울이 되어도 팔꿈치가 드러나는 헌 옷을 입었고, 발가락이 나오는 헌 구두를 신었다. 그러나 소년 시절의 고생은 용기와 희망과 근면을 배우는 하늘의 은총이라 생각하지 않으면 안 된다.

- 미래의 좋은 점은 한 번에 하루씩만 온다는 것이다.

- 나는 기회가 올 것에 대비하여 배우고, 언제나 닥칠 일에 착수할 수 있는 태도를 갖추고 있다.

- 국민의, 국민에 의한, 국민을 위한 정부는 이 땅에서 영원히 사라지지 않을 것이다.

talk토크 역대 미국 대통령에 관한 재미있는 기록

링컨 대통령은 키가 193cm로 당시로서는 그야말로 키다리였다. 최단신(162.5cm)인 매디슨(4대) 대통령보다 30.5cm가 더 크다. 신장에 관련된 링컨의 유머가 전해진다.
링컨이 자기보다 키가 큰 어떤 사람에게 물었다.
"여보게, 자넨 발이 차가워지면 언제 머리가 그걸 알게 되나?"
체중이 가장 많이 나간 대통령은 태프트(27대)로 175kg이나 되었다. 재임 2년 동안 50kg이 불어난 그를 위해 백악관에는 성인 남자 세 명이 들어갈 수 있는 욕조가 특별히 설치되었다고 한다. 두 번째로 체중이 많이 나간 대통령은 125kg의 클리블랜드(22·24대). 아서 대통령(21대)도 만만치 않아 112kg이 넘었다.
최고령 대통령은 레이건(40대). 70세 때 백악관에 들어갔다. 두 번째 고령은 해리슨(23대)이다. 그는 68세에 대통령이 되었다. 최연소 대통령은 시어도어 루스벨트(26대). 그는 매킨리가 취임 6개월 만에 암살되자 42세라는 젊은 나이에 부통령으로서 대통령 자리를 승계했다. 역대 두 번째로 나이가 적었던 대통령은 43세에 백악관에 들어간 케네디(35대). 케네디는 선거로 당선된 최연소 대통령이라고 할 수 있다. 최초의 흑인 대통령인 오바마(44대)는 48세에 대통령이 되었다.

A. 카네기
(1835~1919)

> '강철왕'이라 불리는 미국의 실업가. 영국 스코틀랜드에서 태어났으나 미국으로 건너가 방적공·배달원 등을 거쳐 철도 회사에서 돈을 모은 뒤에 철강업에 손을 대 큰 부자가 되었다. 카네기 홀, 카네기 재단을 세우는 등 '노블레스 오블리주'의 모범을 보였다.

• 부(富)는 신성한 것이며, 인류 향상을 위해 이것을 사용하지 않으면 안 된다.

• 오늘이라는 것은 우리의 가장 중요한 소유물이다. 그것은 분명히 우리가 다시 지닐 수 없는 흘러가는 시간의 한때이기 때문이다.

• 밝은 성격은 어떤 재산보다도 귀하다.

• 돈은 구두쇠라 생각할 정도로 귀한 것도 아니지만, 돈 없는 보통 사람이 깔볼 정도로 무익한 것도 아니다. 그것이 귀한 것은 그것을 옳게 얻기가 어렵기 때문이며, 옳게 얻은 것을 옳게 쓰는 것은 더더욱 어렵기 때문이다.

• 행복의 비결(秘訣)은 포기해야 할 것을 포기하는 것이다.

• 부자로 죽는 일은 불명예스러운 일이다.

• 때를 놓치지 마라. 이 말은 인간에게 주어진 영원한 교훈이다. 그러나 인간은 이것을 대수롭지 않게 여기기 때문에 좋은 기회가 와도 그것을 잡을 줄 모르고, 때가 오지 않는다고 불평만 한다. 하지만 때는 누구에게나 온다.

• 성공에는 아무런 트릭도 없다. 나는 나에게 주어진 일에 전력(全力)을 다했을 뿐이다. 굳이 말한다면 보통 사람보다 아주 조금만 보다 양심적으로 노력했을 뿐이다.

• 무엇인가를 이루려고 하는 마음이 없다면 세상 어디를 가나 두각을 나타낼 수 없다.

• 언짢은 문제가 일어났을 때도 결코 흥분하지 마라. 분별없이 충동적으로 행동하지 마라. 언제나 충동적인 생각은 좋지 않다.

록펠러
(1839~1937)

> 스탠더드 석유 회사 설립자. 미국 정유업계를 지배하는 독점 자본가이자, 노조 탄압을 서슴지 않는 악덕 자본가로 악명을 날리던 그는, 훗날 자신의 이름을 딴 사회 봉사 재단을 설립하며 사회 공헌의 길을 일찌감치 닦은 인물이기도 하다.

• 성공하려면 귀는 열고 입은 닫아라.

• 돈 버는 능력은 하느님께서 주신 선물이다. 나는 돈을 더 많이 벌어서 양심에 따라 이웃을 위해 그 돈을 쓰는 것을 내 사명이라고 생각한다.

• 성공의 비결은 평범한 일조차 비범하게 처리하는 것이다.

• 경영이란 보통 사람들을 최고로 능력 있는 사람들처럼 일하게 만드는 것이다.

• 친한 이들끼리 사업을 하는 것은 썩 바람직하지 않다. 사업을 하며 쌓아 올린 우정이라는 게 때로는 더 낫다.

• 신기료 장수 세 명이 제갈량보다 낫다고 하지 않았나. 100명이 약간의 노력을 기울여도 내가 전력을 다하는 것보다 나을 수 있다.

• 부자가 행복하리라고 생각하는 것은 잘못이다.

• 잘 운영되는 기업의 사회 공헌 활동은 진정 훌륭한 비지니스가 된다. 그것은 좋은 친구, 좋은 고객을 만든다. 사회적인 공익 활동과 기업에게 좋은 일, 이것은 서로 상반되는 것이 아니다.

• 단지 부자가 되고 싶다는 막연한 생각을 가지고 시작하는 이들은 성공하기 어렵다. 더 큰 야망을 가져라.

• 위대한 업적을 달성하기 위해서라면 때로는 착한 일 따위는 제쳐 두어라.

• 돈을 버는 방법은 명확하다. 사람들 사이에서 곡소리가 울려 퍼질 때 승부수를 던지라는 것이다.

• 위대한 것을 위해서라면 좋은 것을 포기하는 것을 두려워하지 마라.

퓰리처
(1847~1911)

> 헝가리 태생의 미국 언론인·신문 경영자. 〈뉴욕 월드〉지(紙)를 비롯하여 여러 개의 신문사를 경영하며 신문의 대중화와 보급에 공헌했다. 그의 유언에 따라 신문인 양성 학교가 세워졌고, 퓰리처상이 제정되어 언론·문학·교육 부문에 걸쳐 수상되고 있다.

• 무엇을 쓰든 짧게 써라. 그러면 읽힐 것이다. 명료하게 써라. 그러면 이해될 것이다. 그림같이 써라. 그러면 기억 속에 머물 것이다.

• 하면 무조건 된다는 말은 거짓이다. 하지만, 안하면 아무것도 안 된다는 말은 불변의 진리이다.

• 신문에 대서특필할 만한 가치가 있는 선정적인 기사는 최대한 밀어붙여야 하지만, 기사를 꾸며 내는 것은 절대 안 된다.

• 가난한 사람들에 대한 연민을 가져라. 항상 대중의 복지에 헌신하라. 뉴스를 단순히 인쇄하는 것만으로 만족해서는 안 된다. 잘못된 일을 공격하기를 결코 두려워해서는 안 된다.

포드
(1863~1947)

> '자동차 왕'이라 불리는 미국의 기술자·실업가. 농부의 아들로 태어나 여러 공장에서 기계 기술을 익힌 뒤 1903년에 포드 자동차 회사를 설립했다. 대량 생산 방식으로 대중차(大衆車)를 보급하였고, 기업은 사회 봉사 기관이라는 경영 이념을 실천했다.

• 인간이 만들어 내는 가장 위대하고 경이로운 발견의 하나는 할 수 없다고 두려워하는 일을 해내는 것이다.

• 큰 일도 작은 일들로 나누면 크게 어렵지 않다.

• 많은 사람들이 성공을 꿈꾸고 희망한다. 나에게 있어 성공이란 끊임없는 실패와 자기 성찰을 통해서만 달성되었다. 실제로 성공은 당신의 일에 있어서 99%의 실패에서 비롯된 단 1%를 말한다.

• 우리는 성공보다는 실패에서 더 많은 것을 배운다.

• 배움을 멈추는 자는 나이에 상관없이 늙은 사람이다. 반면에 끊임없이 배우는 자는 누구나 젊다.

• 당신이 할 수 있다고 생각하든 할 수 없다고 생각하든 당신이 옳다.

• 우리는 사람을 고용하는 것이지 그 사람의 경력을 고용하는 것이 아니다. 그 사람이 하버드 출신이든 형무소 출신이든 나에겐 다 똑같은 사람이다.

• 높은 곳에 있는 열매를 따기 전에 낮은 곳에 있는 열매부터 따야 한다. 대중적인 시장은 얻기 쉬운 열매라고 볼 수 있다.

• 우리의 방침은 가격을 내리고 사업을 확장한 뒤에 제품의 품질을 개선하는 것이다. 가격을 내리는 것이 첫 번째 과제임을 누구나 알 수 있을 것이다. 우리는 어떤 고정 가격도 고려한 적이 없다. 그러므로 우리는 판매량이 늘어날 것이라고 믿는다. 우리는 단가를 걱정하지 않는다. 새롭게 정해지는 가격을 통해 단가를 낮출 수 있다.

• 나는 위대한 서민들을 위한 자동차를 만들 것이다. 많은 월급을 받지 못하는 사람들도 자동차를 사는 것이 가능하도록 저렴한 가격으로 자동차를 생산할 것이다.

• 작고 단순한 일이라고 소홀히 하지 마라. 부자들 일부는 보잘것없어 보이는 일에 주목한 이들이다.

• 돈이 사업의 전부는 아니다. 사업은 돈은 물론 다른 소중한 가치도 만들어 낼 수 있어야 한다.

• 만약 돈이 당신의 자립을 위한 유일한 희망이라면 결코 가질 수 없을 것이다. 이 세상에서 사람이 유일하게 가질 수 있는 진정한 것은 지식과 경험 그리고 능력의 축적이다.

talk 토크 ─ 고정 관념을 깨뜨린 '포드 시스템'

포드는 성공한 많은 기업인들이 그렇듯이 기존의 관습과 전통을 고집하지 않았다. 말하자면 '재탄생을 위한 파괴'를 서슴지 않았던 것이다. 뛰어난 기술력과 경영 능력이 아니면 시도할 수 없는 과감한 모험이었다.

그는 '노동자도 구매할 수 있는 대중적인 자동차'를 만들겠다는 신념 아래 이른바 '포드 시스템'을 개발했다. 제품의 단순화, 부품의 규격화, 생산 수단이나 공장의 전문화, 컨베이어 시스템에 의한 대량 생산으로 원가를 절감하는 생산 합리화 방식을 채용했다.

이를 통해 노동자에게는 높은 임금을 지급하고, 소비자에게는 최저 가격의 제품(T형 자동차)를 내놓을 수 있었다.

대량 생산, 대량 소비를 가능케 한 이 시스템은 디트로이트 공장에서 완성되었다 하여 '디트로이트 오토메이션', 대량 생산의 획기적인 계기가 되었다 하여 '대량 생산 시스템'이라고도 한다.

처칠
(1874~1965)

> 영국의 정치가. 1940년에 수상에 올라 제2차 세계 대전에서의 연합국측 승리를 위해 힘썼고, 카이로 회담·얄타 회담·포츠담 회담에서 크게 활약했다. 공산주의의 암흑 세계를 '철의 장막'이라고 표현했다. 〈제2차 세계 대전 회고록〉으로 노벨 문학상을 탔다.

• 성공은 최종적인 게 아니며, 실패는 치명적인 게 아니다. 중요한 것은 계속하고자 하는 용기이다. 절대 포기하지 마라.

• 돈을 잃는 것은 적게 잃는 것이다. 그러나 명예를 잃는 것은 크게 잃는 것이다. 더구나 용기를 잃는 것은 전부를 잃는 것이다.

• 좋은 정치가란 미래를 예언할 줄 알며, 또한 나중에 일이 예언한 대로 되지 않았을 때 그것을 잘 설명해 낼 줄 아는 사람이다.

• 가족은 어디서부터 시작되는가? 그것은 젊은 남자가 젊은 처녀와 연애에 빠지는 데서부터 시작된다. 이 이상 좋은 길은 아직 발견되지 않았다.

• 쓸데없는 생각이 자꾸 떠오를 때는 책을 읽어라. 쓸데없는 생각은 비교적 한가한 사람들에게 떠오르지 분주한 사람에겐 떠오르지 않는다.

• 남에게 무리한 짓을 하지 말고, 남에게 무리한 짓을 당하지 마라.

• 냉정한 눈으로 사람을 보고, 냉정한 귀로 말을 듣고, 냉정한 마음으로 도리를 생각하라.

• 전쟁에서는 오직 한 번 죽지만, 정치에서는 여러 번 죽는다.

• 눈앞에 어려운 일이 닥치면 저도 모르는 사이에 꽁무니를 빼고, 다른 사람이 그 일을 맡아 주었으면 하는 마음을 갖기 쉽다. 이는 비겁한 행동이다. 자기가 해야 할 일이라고 생각한다면 의무를 다할 때까지 버텨야 한다.

• 성공이란 열정을 잃지 않고 하나의 실패에서 또 다른 실패로 옮겨 가는 것이다.

• 계속되는 곤란은 승리의 기회이다.

• 인간은 때때로 진실의 돌부리에 걸려 넘어진다. 하지만, 대부분의 사람들은 혼자서 일어나 아무 일도 없었던 것처럼 허둥지둥 사라져 버린다.

• 위험이 다가왔을 때 도망치려고 생각해서는 안 된다. 그렇게 되면 도리어 위험이 배가(倍加)된다. 그러나 결연하게 맞선다면 위험은 반으로 줄어든다.

• 말은 포장을 어떻게 하느냐보다 무엇을 포장하느냐가 더 중요하다.

• 모든 사람에게 예절 바르고, 많은 사람에게 붙임성 있고, 몇 사람에게 친밀하고, 한 사람에게 벗이 되어라.

talk토크 유머 감각으로 경쟁자를 물리친 처칠

처칠이 하원 의원에 처음으로 도전했을 때의 일이다. 정견 발표장에서 경쟁자 중 하나가 처칠을 겨냥하여 인신공격을 했다.
"듣자니 ×× 후보는 아침에 일찍 일어나지 않는답니다. 그런 게으른 사람이 의회에 앉을 자격이 있습니까?"
청중은 처칠이 어떻게 반응할지 숨을 죽인 채 기다렸다.
하지만, 단상에 오른 처칠은 태연하기만 했다.
"저처럼 예쁜 아내와 산다면 아마 저보다도 훨씬 더 늦게 일어날 걸요."
청중은 폭소를 터뜨렸고, 처칠은 무난히 하원 의원이 되었다.

김구
(1876~1949)

> 독립운동가·정치가. 호는 백범. 동학 농민 운동을 지휘하다 일본군에 쫓겨 만주로 가 의병단에 가입했고, 1944년에 상하이 임시 정부 주석에 선임되었다. 광복 후 신탁 통치와 남한 단독 총선을 반대하며 남북 협상을 제창했다. 저서에 〈백범일지〉가 있다.

• 우리나라가 독립하여 정부(政府)가 생기거든 그 집의 뜰을 쓸고 유리창을 닦는 일을 해 보고 죽게 하소서!

• 네 소원이 무엇이냐 하고 하느님께서 물으신다면 나는 서슴지 않고 "내 소원은 오직 대한 독립이오." 하고 대답할 것이다. 그 다음 소원은 무엇이냐 하고 물으시면 나는 또 "우리나라의 독립이오." 할 것이다. 또 그 다음 소원이 무엇이냐 하고 세 번째 물으셔도 나는 더욱 소리를 높여 "내 소원은 우리나라 대한의 완전한 자주 독립이오." 하고 대답할 것이다.

• 어떤 중요한 일을 처리할 때에는 그것이 현실이냐 비현실이냐를 따지기보다는 먼저 그 일이 바른 길이냐 어긋난 길이냐를 따져서 결정하라.

• 얼굴이 잘생긴 것은 몸이 건강한 것만 못하고, 몸이 건강한 것은 마음이 바른 것만 못하다.

• 나는 우리나라가 세계에서 가장 아름다운 나라가 되기를 원하지 가장 강한 나라가 되기를 원하지 않는다. 내가 남의 침략에 가슴이 아팠으니 내 나라가 남을 침략하는 것을 원치 않는다. 우리의 부(富)력이 우리의 생활을 풍족히 할 만하고 우리의 강(强)력이 남의 침략을 막을 만하면 족하다. 오직 한없이 가지고 싶은 것은 높은 문화의 힘이다. 문화의 힘은 우리 자신을 행복하게 하고 나아가서 남에게 행복을 주기 때문이다.

• 우리 민족이 주연 배우로서 세계의 무대에 등장할 날이 눈앞에 보이는도다. 나는 우리나라가 남을 모방하는 나라가 되지 말고, 높고 새로운 문화의 근원이 되어 전 세계에 모범이 되는 나라이기를 희망한다. 우리 민족의 재주와 정신과 과거의 단련이 그러하고, 우리 국토의 지리적 조건이 그러하다. 인류의 요구가 그러하고, 새로운 나라로 고쳐서 세우는 우리 민족의 시기가 그러하다.

• 나는 38선을 베고 쓰러질지언정 일신의 구차한 안일을 추구하지 않겠노라.

踏雪野中去

踏雪野中去 / 눈 덮인 들판을 걸어갈 때
不須胡亂行 / 어지러이 걷지 마라.
今日我行蹟 / 오늘 나의 발자국이
遂作後人程 / 뒷사람의 이정표가 될지니.

서산 대사(휴정)의 명시로, 김구 선생님이 상하이에서 독립운동을 할 때 좌우명으로 삼았다고 한다.

解脫詩

삶이란 한 조각 구름이 일어남이요,
죽음이란 한 조각 구름이 스러짐이라오.
구름은 본시 실체가 없는 것,
죽고 살고 오고 감이 모두 그와 같도다.

서산 대사께서 입적하기 직전 읊은 시라고 한다.

안창호
(1878~1938)

> 우리나라의 독립운동가. 호는 도산. 신민회·청년 학우회·흥사단을 조직하고, 평양에 대성 학교를 세웠다. 3·1 운동 후 상하이 임시 정부의 내무 총장이 되어 독립운동을 하다가 붙잡혀 감옥에서 생을 마감했다.

- 나는 밥을 먹어도 대한의 독립을 위해, 잠을 자도 대한의 독립을 위해 해 왔다. 이것은 내 목숨이 없어질 때까지 변함이 없을 것이다.

- 진실은 반드시 따르는 자가 있고, 정의는 반드시 이루는 날이 있다.

- 낙망(落望)은 청년의 죽음이요, 청년이 죽으면 민족이 죽는다.

- 성격이 모두 나와 같아지기를 바라지 마라. 매끈한 돌이나 거친 돌이나 다 제각기 쓸모가 있는 법이다.

- 아름다운 이성을 보는 건 즐거운 일이다. 그 얼굴을 보고 싶거든 정면으로 당당하게 보고 옆에서 엿보지 마라.

안중근
(1879~1910)

> 독립운동가·교육가. 남포에 돈의 학교를 세워 인재 양성에 힘쓰다가 1907년 연해주로 망명하여 의병 운동에 참가하고, 1909년 만주의 하얼빈 역에서 일제 침략의 우두머리인 이토 히로부미를 사살하였다. 글씨에 뛰어나 많은 유필(遺筆)이 전한다.

• 하루라도 글을 읽지 않으면 입안에 가시가 돋는다. (一日不讀書口中生荊棘)

• 눈보라가 친 연후에야
잣나무가 이울지 않음을 안다.

• 궂은 옷, 궂은 밥을 부끄러워하는 자는 더불어 의논할 수 없다. (恥惡衣惡食者不足與議)

• 장부가 비록 죽을지라도 마음은 쇠와 같고, 의사는 위태로움에 이를지라도 기운이 구름 같도다.
(丈夫雖死心如鐵義士臨危氣似雲)

• 스스로를 보배처럼 사랑하라. (自愛寶)

• 나는 국민의 의무로서 내 몸을 희생하여 어진 일을 이루고자 했을 뿐이다.

• 나는 천국에 가서도 마땅히 조국의 독립을 위해 힘쓸 것이오. 대한 독립의 함성이 천국까지 들려오면 나는 기꺼이 춤을 추면서 만세를 부를 것이오.

• 나는 대한 독립을 위해 죽는 것이며 동양의 평화를 위해 죽는 것인데 어찌 죽음이 유감스럽겠는가?

• 우리 동포 형제 자매들아, 이 공업을 절대 잊지 마라. 만세, 만세, 대한 독립 만세.

• 백 번 참는 집안에 태평과 화목이 있다.

• 사람이 멀리 생각하지 못하면 큰일을 이루기 어렵다. (人無遠慮難成大業)

• 나라 위해 몸 바침은 군인의 본분이다. (爲國獻身軍人本分)

• 세월을 헛되이 보내지 마라. 청춘은 다시 오지 않는다. (白日莫虛渡靑春不再來)

장부가

장부가 세상에 처함이여 그 뜻이 크도다
때가 영웅을 지음이여 영웅이 때를 지으리로다
천하를 웅시함이여 어느 날에 업을 이룰꼬
동풍이 점점 참이여 장사의 의기가 뜨겁도다
분개히 한번 감이여 반드시 목적을 이루리로다
쥐도적 이토여 어찌 목숨을 부지할꼬
어찌 이에 이를 줄 헤아렸으리오 사세가 본대인걸
동포 동포여 속히 대업을 이루리로다
만세 만세여 대한 동포로다

그 어머니에 그 아들, 안중근과 어머니

안중근 의사의 어머니 조 마리아 여사는 이토 히로부미를 사살하고 뤼순 감옥에 갇힌 아들에게 다음과 같은 편지를 보냈다.
"응칠(안중근의 본명)아! 늙은 어미보다 먼저 죽는 것을 불효라고 생각한다면 이 어미는 웃음거리가 될 것이다. 너의 죽음은 너 한 사람 것이 아니라 조선인 전체의 공분을 짊어지고 있는 것이다. 네가 항소를 한다면 그것은 일제에 목숨을 구걸하는 짓이다. 네가 나라를 위해 이에 이른즉, 딴맘 먹지 말고 죽으라."
안중근 의사는 항소를 포기했다. 감형될 수도 있으니 항소하라는 일본인 변호사의 말에 "나는 처음부터 무죄요. 무죄인 나에게 감형을 운운하는 것은 치욕이다."라고 하고 의로운 일생을 마쳤다.

프랭클린 루스벨트
(1882~1945)

> 미국의 제32대 대통령(4회 연임). 수족이 마비되는 병에 걸렸으나 아내의 헌신적인 노력으로 병을 극복하고, 대통령에 당선되어 '뉴딜 정책'을 실시하여 경제 공황에 허덕이던 미국 경제를 안정시켰다. 대서양 헌장을 선언하고, 국제 연합 창설에 기여했다.

• 우리가 바라는 세계는 네 가지 필수적인 인간의 자유에 뿌리를 두고 있다. 첫째는 언론과 표현의 자유, 둘째는 모든 사람이 자기 방식대로 신을 숭배할 수 있는 자유, 셋째는 결핍으로부터의 자유, 넷째는 공포로부터의 자유이다.

• 밧줄의 끝부분까지 갔을 때는 매듭을 짓고 매달려라.

• 우리는 항상 지평선 너머에 더 나은 삶, 더 나은 세상이 있다는 희망을 굳게 믿는다.

• 진리는 인간이 그것을 추구할 자유를 가질 때 발견된다.

• 우리는 전쟁을 끝내기보다 모든 전쟁의 시작을 끝내고자 한다.

엘리노어 루스벨트
(1884~1962)

> 미국의 사회운동가·정치가. 몸이 불편한 남편 F. 루스벨트를 헌신적으로 내조했고, 자신도 여성 문제·인권 문제 등 폭넓은 분야에서 활약했다. 국제 연합 주재 미국 대표로 있으면서 세계 인권 선언의 기초(起草)에 큰 역할을 했다.

• 전날 밤에 일을 준비해 두면 다음 날 그냥 시작해서 하는 것보다 시간을 반으로 줄일 수 있다. 그리고 노력도 훨씬 적게 든다.

• 너무나 많은 위대한 결정이 전원이 남성이거나 남성이 주도적인 팀에서 나오기 때문에, 여성이 담당한 특별한 가치는 표현하지 않으면 묻혀 버리기 쉽다.

• 당신의 동의 없이는 아무도 당신에게 열등감을 느끼게 할 수 없다.

• 우리는 할 수 없다고 생각한 일을 해내야 한다.

• 성공으로 가는 길은 남편을 전진하도록 밀어 주는 아내들에 의해 닦여진다.

드골
(1890~1970)

> 프랑스의 군인·정치가. 제2차 세계 대전 때 런던에서 자유 프랑스 위원회를 조직하고 본국의 독일에 대한 레지스탕스를 이끌었다. 전후에 프랑스 국민 연합 당수가 되고, 1958년에 제5공화국을 수립하고, 같은 해 대통령이 되어 알제리 전쟁을 종식시켰다.

• 심사숙고는 많은 사람이 하는 일이고, 행동은 한 사람만이 하는 일이다.

• 행동적인 사람은 누구나 강한 자존심과 긍지를 가지고 있으며 냉혹하면서도 교활하다. 그러나 큰 목적을 달성하기 위한 수단으로 삼는다면 그 모든 것들은 고결한 자질이 될 것이다.

• 침묵은 궁극적인 무기이다.

• 위대한 일은 위대한 인물 없이는 결코 이루어지지 않는다.

• 위대한 리더들은 항상 자신의 영향력을 배후에서 조종한다.

마쓰시타 고노스케
(1894~1989)

> '경영의 신'이라 불리는 일본의 실업가. 쌍소켓을 발명하는 등 전기 기구 제작업에 뛰어들어, 아흔넷의 나이에 삶을 마칠 때까지 산하 570개 기업에 종업원 13만 명을 거느린 대기업의 총수였다. 마쓰시타 정경 학원을 세워 정치가를 육성하기도 했다.

• 나는 하느님이 주신 3가지 은혜 덕분에 크게 성공할 수 있었다. 첫째, 집이 몹시 가난했기 때문에 어릴 적부터 구두닦이, 신문팔이 같은 고생을 하는 동안에 세상을 살아가는 데 필요한 많은 경험을 쌓을 수 있었고, 둘째, 태어날 때부터 몸이 몹시 약해서 항상 운동에 힘써 왔기 때문에 늙어서도 건강하게 지낼 수 있게 되었으며, 셋째, 나는 초등학교도 제대로 다니지 못했기 때문에 세상의 모든 사람을 나의 스승으로 여기고 누구에게나 물어 가며 열심히 배우는 데 게을리하지 않았다.

• 감옥과 수도원의 공통점은 세상과 고립되어 있다는 점이다. 그러나 차이가 있다면, 불평을 하느냐 감사를 하느냐, 그 차이뿐이다. 감옥이라도 감사를 하면 수도원이 될 수 있다.

골다 메이어
(1898~1978)

> 러시아 키예프 태생의 이스라엘 정치가. 이스라엘을 건국한 정치인 가운데 하나로 노동부 장관, 외무부 장관 등을 거쳐 이스라엘의 제4대 총리(첫 번째이자 유일한 여성 총리)를 역임했다. 남자 못지 않은 리더십을 발휘하여 '철의 여인'이라 불렸다.

• 움켜쥔 주먹으로는 악수를 할 수 없다.

• 솔직히 말해서 나는 어떤 일을 할 때 성공 여부를 따져 본 적이 없다. 그저 옳다고 여기면 어떤 결과가 나올지를 고려하지 않고 행할 따름이다.

• 노년이란 폭풍우를 뚫고 날아가는 비행기와 같다. 일단 비행기를 타고 있으므로 어찌할 수 없는 것이다.

통곡의 벽

• 진심으로 통곡해 보지 않은 사람은 진심으로 웃을 줄도 모른다.

• 나라를 전쟁으로 몰아넣는 데 주저함이 없는 지도자는 올바른 지도자가 아니다.

대처

(1925~   )

> 영국의 정치가. 최초의 보수당 여성 당수로 선출되고, 1979년 영국 역사상 최초의 여자 수상이 되어 11년이나 수상 자리에 있었다. 여자다운 자상한 면모를 보이면서도 강력한 지도력으로 경제 재건에 힘써 국민의 신임을 얻었다. '철의 여인'이라 불렸다.

• 디자인하든지 아님 그만둬라! Design or Resign!

• 정치에서 말이 필요하면 남자를 찾고, 행동이 필요하면 여자에게 청하라.

• 같은 바람을 맞으면서 한 척의 배는 동쪽으로, 다른 한 척의 배는 서쪽으로 향한다. 어느 쪽으로 나아갈지를 결정하는 것은 돛을 어떻게 달 것인가이지, 바람이 아니다.

talk토크 — 남자가 무색한 세계의 '철의 여인들'

골다 메이어는 '철(鐵)의 여인'이라 불렸다. 쇠처럼 강한 의지로 나라를 이끌었기 때문이다. 인도 총리를 지낸 인디라 간디, 영국 총리였던 마거릿 대처, 독일의 앙겔라 메르켈 현 총리, 라이베리아의 대통령 엘렌 존슨 설리프 등도 유명한 '철의 여인들'이다.

디즈니
(1901~1966)

> 미국의 만화 영화 제작자. 장편 만화 영화 〈미키 마우스〉〈백설 공주〉〈판타지아〉〈정글북〉〈신데렐라〉 등을 비롯하여 〈사막은 살아 있다〉 등의 동물 기록 영화를 제작, 전 세계적인 인기와 사랑을 받았다. 디즈니랜드를 건설하기도 했다.

• 같은 분야에서 성공을 반복하느니 다른 일을 시도하겠다.

• 꿈을 실현하는 비결을 알고 있는 사람이 정복할 수 없는 것은 없다. 이 비법은 호기심(curiosity), 자신감(confidence), 일관성(constancy), 용기(courage), 즉 4C로 요약할 수 있다. 이 가운데 가장 중요한 것은 자신감이다.

• 성공하려면 남과 다른 나만의 개성을 가져야 한다. 남과 달라야 한다. 내가 지닌 것이 사람들이 원하는 것이라면 사람들은 그것을 얻기 위해 나에게 오게 되어 있다.

• 내 상상력이 내 현실을 만들어 낸다.

• 믿는다고 결심했으면 아무 말도 하지 말고 의심도 하지 말고 마음으로부터 전적으로 믿어야 한다.

• 정직하게 자신의 무지(無知)를 인정해야 한다. 그러면 반드시 열심히 가르쳐 주는 사람이 나타나게 마련이다.

• 인생에서 경험한 모든 역경과 고통이 나를 올곧게, 그리고 강하게 만들어 주었다.

• 일이 생크림처럼 부드럽게 진행될 때보다는 조건이 좋지 않을 때 더 적극적으로 대처할 수 있다.

• 저 두 사람은 언제나 잘못된 방법으로 스토리를 만들고 있지만 그들의 실수를 통해 스토리를 짜는 올바른 방법을 배울 수 있지 않은가.

• 결코 싫증을 내거나 냉소적이 되어서는 안 된다. 어제는 이미 과거가 되었으므로.

• 나는 불가능이라는 것을 몰랐다. 나는 뛰어가서 기회를 잡았으니까.

• 꿈을 꿀 수 있다면, 그것을 이룰 수도 있다.

• 아무리 훌륭한 일, 아무리 완전한 일을 행했다고 할지라도, 그 사람의 괴로움, 그리고 번민을 이해하려는 마음에 그것들이 미칠 수는 없다.

• 우리는 앞으로 계속해서 나가며, 새로운 문을 열고, 새로운 일을 벌인다. 우리에겐 호기심이 있기 때문이다. 호기심은 계속해서 새로운 길로 우리를 인도한다.

• 나는 재능 있는 사람 앞에서는 모자를 벗는다.

• 타인에게 기쁨을 가져다주는 사람은, 자기 자신도 그것을 통해 기쁨과 만족을 얻는다.

• 좋아하는 것에만 지나치게 빠져들지 말도록. 그렇게 되면 다른 분야에 대한 모험을 할 수 없게 된다. 자신이 좋아하는 것 이외에는 보이지 않도록 만드는 일은 정말 어리석은 짓이다.

• 지금까지 줄곧 거친 상대와 경쟁했기 때문에, 상대가 없다면 어떻게 해야 할지 모르겠다.

이병철
(1910~1987)

> 삼성 그룹 창업자. 호는 호암. 일본 와세다 대학 전문부를 중퇴하고 1938년에 삼성 상회를 설립한 이래 삼성 물산, 제일 제당, 제일 모직, 중앙 일보 등을 설립하며 우리나라 굴지의 기업 그룹을 이룩했다. 저서에 〈우리가 잘사는 길〉〈호암 자전〉 등이 있다.

- 항상 기뻐하라. 그래야 기뻐할 일이 줄줄이 따라온다.

- 남의 잘됨을 축복하라. 그 축복이 메아리처럼 나를 향해 돌아온다.

- 힘들어도 웃어라. 절대자도 웃는 사람을 좋아한다.

- 들어온 떡만 먹으려고 하지 마라. 떡이 없으면 나가서 만들어라.

- 자신의 영혼을 위해 투자하라. 투명한 영혼은 천년 앞을 내다본다.

- 돈은 거짓말을 하지 않는다. 돈 앞에서 진실하라.

• 자꾸 막히는 것은 우선 멈춤 신호이다. 멈춘 다음 정비하고 출발하라.

• 한발만 앞서라. 모든 승부는 한 발자국 차이이다.

• 좋은 만남이 좋은 운을 만든다. 좋은 인연을 소중히 생각하라.

• 더운밥 찬밥 가리지 마라.
뱃속에 들어가면 찬밥도 더운밥이 된다.

• 마음의 무게를 가볍게 하라. 마음이 무거우면 세상이 무겁다.

• 써야 할 곳, 안 써도 좋을 곳을 분간하라. 판단이 흐리면 낭패가 따른다.

• 인색하지 마라. 인색한 사람에게는 돈도 야박하게 대한다.

• 돈 많은 사람을 부러워하지 마라. 그가 사는 법을 배워라.

테레사 수녀

(1910~1997)

> 유고슬라비아 태생의 인도 수녀. 캘커타의 빈민가에 살며 빈민·고아·한센병 환자 구호에 힘써 전 세계인의 존경을 받았고, 노벨 평화상을 수상했다. 흔히 '마더 테레사'라고 불린다.

• 우리는 위대한 일을 할 수 없다. 다만 위대한 사랑으로 작은 일을 할 수 있을 뿐이다.

• 고독감과 소외감은 가장 비참한 빈곤이다.

• 오늘날의 가장 큰 질병은 나병이나 결핵이 아니라 소외감이다.

• 나는 성공을 달라고 기도하지 않고 성실을 요청한다.

• 나는 이 세상에 사랑의 편지를 보내시는 하느님의 수중에 있는 작은 연필이다.

• 사람들은 우리의 활동이 마치 우리의 사명인 것처럼 착각한다. 우리의 사명은 예수님의 사랑을 전하는 것이다.

정주영
(1915~2001)

> 현대 그룹 창업자. 호는 아산. 강원도 통천 송전 소학교 졸업. 현대 건설, 현대 자동차, 현대 중공업 등을 설립하며 현대 그룹을 이뤘다. 대한 체육회 회장, 전국 경제인 연합회 회장 등 역임. 〈이 땅에 태어나서〉〈시련은 있어도 실패는 없다〉 등의 저서가 있다.

• 해 보기나 했어?

• 무슨 일이든 할 수 있다고 생각하는 사람이 해내는 법이다.

• 길이 없으면 길을 찾고, 찾아도 없으면 길을 닦아 나가야 한다.

• 사업은 망해도 다시 일어설 수 있지만 인간은 한 번 신용을 잃으면 그것으로 끝장이다.

• 나는 그저 꽤 부유한 노동자일 뿐이며, 노동으로 재화를 생산해 내는 사람일 뿐이다.

• 시련은 있어도 실패는 없다.

• 자기 자신이 열심히 절약하고 모으면 우선 큰 부자는 못 되어도 작은 부자는 될 수 있다.

• '적당히'의 그물 사이로 귀중한 시간을 헛되이 빠져나가게 하는 것처럼 우매한 짓은 없다.

• 사람은 의식주를 얼마나 잘 갖추고 누리고 사느냐가 문제가 아니라 얼마나 많은 사람에게 얼마나 좋은 영향을 얼마만큼 미치면서 사느냐가 중요하다.

• 나는 젊을 때부터 새벽 일찍 일어난다. 그날 할 일에 대한 기대와 흥분 때문에 마음이 설레어 늦도록 자리에 누워 있을 수가 없기 때문이다. 밤에는 항상 숙면할 준비를 하고 잠자리에 들었다. 새날이 왔을 때 가뿐한 몸과 마음으로 즐겁고 힘차게 일을 하기 위해서이다.

• 운이란 때라고 생각한다. 확실히 좋은 때 나쁜 때는 있다. 그러나 좋은 때라고 해서 손 놓고 앉아 놀아도 마당으로 호박이 혼자 굴러들어와 주는 것은 아니며, 나쁜 때라고 해서 죽을힘을 다해 노력하는데 더 나쁜 결과를 맞게 되는 것은 아니다.

케네디
(1917~1963)

> 미국 제35대 대통령. 하버드 대학을 졸업하고 제2차 세계 대전에 해군 장교로 참전했다. 1960년에 뉴 프론티어(신개척주의) 정신을 부르짖으며 미국 역사상 최연소 대통령에 당선되었다. 의욕적이고 활기찬 정책을 추구하다 암살당했다. 퓰리처상을 수상했다.

- 국가가 당신을 위해 무엇을 할 수 있는가를 묻지 말고, 당신이 국가를 위해 무엇을 할 수 있는가를 물어봐라.

- 맑은 날 지붕을 고쳐 놓아야 비가 와도 걱정이 없다.

- 만일 사회가 많은 가난한 사람을 도울 수 없다면 부유한 소수의 사람도 구해 줄 수 없다.

- 교육의 목표는 지식의 증진과 진리의 씨뿌리기이다.

- 타지 않을 정도로 다가가고, 얼지 않을 정도로 떨어져라.

- 정치는 비전(vision)을 제시해야 한다.

• 행동에는 위험과 대가가 따른다. 그러나 이때의 위험과 대가는 안락한 나태함으로 생길 수 있는 장기적 위험보다는 훨씬 정도가 약하다.

• 슬픔을 이겨 내는 유일한 치료법은 무엇이든지 열심히 하는 것이다.

• 그대들의 일생의 일로서 무엇을 하든 개의치 않는다. 그러나 무슨 일을 하든 제일인자가 되어라. 설혹 하수도 인부가 되는 한이 있어도 세계 제일의 하수도 인부가 되어라.

• 공포로 인해 타협하지 말 것이며, 남이 나에게 타협하는 것을 두려워하지도 마라.

talk토크 백만장자의 아내가 된 케네디의 아내

미모와 지성에 패션 감각까지 갖춘 케네디의 아내 재클린은 케네디가 죽은 뒤에 그리스의 선박왕 오나시스와 재혼하여 재클린 케네디 오나시스가 되었다. 하지만, 그녀는 생전에 이런 말을 했다.
"난 평생 케네디를 잊을 수 없었어요. 그를 사랑해서가 한 가지 이유이고, 그에게 더 잘해 주지 못해서가 다른 한 가지 이유예요. 여러 가지 이유로 그는 내 마음속에 아직 있어요."
오나시스 역시 연인이었던 세계적인 소프라노 마리아 칼라스를 뿌리치고 재클린과 결혼한 일을 나중에 후회했다고 한다.

talk 토크 '평행 이론'의 대상자가 된 유명 인물들

서로 다른 시대에 태어난 각각의 사람이 유사한 삶을 사는 우연, 혹은 운명과도 같은 일치를 '평행 이론'이라고 한다.

미국의 대통령인 링컨과 케네디, 두 사람은 100년이란 시간의 차이가 있지만 놀라우리만큼 비슷한 삶을 살았다.

링컨은 1860년에, 케네디는 그 100년 후인 1960년에 대통령에 당선되었다. 그리고 둘 다 대통령 임기 시절에 아이를 잃었고, 금요일에 암살당했다. 두 대통령을 저격한 사람 둘 다 이름이 세 단어로 되어 있고 이름이 15글자이다. 암살 당시 링컨은 포드 극장에 있었고, 케네디는 포드 자동차를 타고 있었다. 죽기 일주일 전 링컨은 '마릴린 먼로'라는 곳에 있었으며 케네디는 여배우 '마릴린 먼로'와 함께 있었다. 링컨의 비서는 성이 케네디였고, 케네디의 비서는 성이 링컨이었다.

또한 둘 다 후임 대통령 이름이 존슨이었다. 링컨의 후임 앤드류 존슨 대통령은 1808년에, 케네디의 후임 린든 존슨 대통령은 1908년에 태어났다.

우리의 이순신 장군과 영국의 넬슨 제독도 평행 이론의 대상자들이다. 이순신 장군과 넬슨 제독은 초라한 병력으로 세계 최강의 군대와 맞서 대승을 거뒀다. 또한 두 사람 다 전쟁 중 모함을 받아 잠시 지휘권을 상실한 적이 있으며, 죽음 역시 유사한 부분이 많다.

이순신 장군은 노량 해전에서 적군의 총탄에 맞아 순국하였고, 넬슨 제독 역시 프랑스 저격수의 총탄을 맞고 숨졌다. 이순신 장군은 죽음의 순간까지 "나의 죽음을 적에게 알리지 마라"며 전투를 독려했고, 넬슨 제독은 적이 쏜 탄환에 폐와 척추가 상했음에도 불구하고 4시간 동안이나 지휘를 하고 아군에게 알리지 않았다. 둘은 세계 4대 해전의 주인공들이기도 하다.

평행 이론의 예로 마릴린 먼로와 우리나라 탤런트이자 영화배우인 최진실을 들 수도 있다. 똑같이 불우한 환경을 딛고 최고의 여배우가 되어 인기를 한 몸에 받았으며, 야구 선수와 결혼했고, 스스로 생을 마감했다.

우리나라에서는 〈평행 이론〉이란 영화가 만들어지기도 했다.

만델라
(1918~   )

> 남아프리카 공화국에서 평등 선거 실시 후 당선된 최초의 흑인 대통령. 아프리카 민족 회의(ANC)의 지도자로서 백인 정권의 인종 차별에 맞선 투쟁을 지도하다 체포되어 종신형을 선고받고 수감 생활을 하기도 했다. 저서에 〈자유를 향한 긴 여정〉 등이 있다.

• 나는 대단한 인간이 아니다. 노력하는 노인일 뿐이다.

• 인생의 가장 큰 영광은 결코 넘어지지 않는 데 있는 것이 아니라 넘어질 때마다 일어서는 데 있다.

• 친구를 가까이하라. 그리고 적은 더 가까이하라.

• 지도자는 자기의 텃밭을 가꿀 줄 알아야 한다. 씨를 뿌리고, 보살피고, 잘 일궈야만 그 결과를 거두어들일 수 있다. 지도자는 정원사와 마찬가지로 자기가 경작한 것에 대해 책임을 져야 한다.

• 눈에 보이고 의사가 고칠 수 있는 상처보다 보이지 않는 데 있는 상처가 훨씬 더 아프다.

체 게바라
(1928~1967)

> 아르헨티나 태생의 쿠바 혁명가. 망명 중 멕시코에서 카스트로 등과 만나 쿠바 혁명에 참가했다. 1965년부터 볼리비아의 무장 게릴라 투쟁을 지도하다 정부군에게 사살되었다.

• 무릎을 꿇느니 서서 죽는 길을 택하겠다.

• 시간은 어느 누구의 사정도 봐주지 않는다. 나이를 한 살 더 먹는다는 사실을 생각하며 전사로서 내 미래에 대해 깊이 성찰한다. 그러나 당장은 '타협하지 않겠다'고 결심한다.

• 리얼리스트가 되자. 그러나 가슴속에는 불가능한 꿈을 가지자.

• 수단이 비열하다면 결코 목적은 정당화될 수 없다.

• 피델에게는 아메리카에서 영광스러운 혁명 성공의 그날이 얼마 남지 않았다고 전해 주게. 내 아내에게는 재혼해서 행복하게 살라고 전해 주게나.

(체 게바라가 죽기 직전에 남긴 말)

오바마
(1961~　)

> 미국 제44대 대통령. 미국 역사상 최초의 흑백 혼혈인 대통령. 콜롬비아 대학과 하버드 대학 법학 대학원을 졸업하고 변호사·교수 등을 거쳐 정치계에 입문했다. 노벨 평화상을 수상했다.

• 우리는 할 수 있습니다. (Yes We Can.)

• 흑인의 미국, 백인의 미국, 라틴계나 아시아계의 미국이 아니라 그냥 미국이 있을 뿐이다.

• 변화란 다른 사람이나 다른 때를 기다려서 오는 것이 아니다. 우리가 기다리는 변화의 주인공은 바로 우리 자신이다. 우리가 추구하는 변화는 바로 우리가 만들어 내는 것이다.

• 희망. 어려움에 맞서는 희망, 불확실성에 굴하지 않는 희망, 담대한 희망! 이것이 곧 하느님께서 우리에게 주신 최대의 선물이다.

• 신념이란 자기가 단순히 갖고 있는 무엇을 뜻하는 것이 아니다. 신념이란 실천하는 무엇이다.

백악관 워싱턴에 자리한 미국 대통령의 관저.

• 우리가 직면한 위기들은 강하지만 미국도 강하다.

• 나의 임무는 워싱턴이 여러분을 대표하게 하는 것이 아니다. 여러분이 워싱턴을 대표하게 하는 것이다.

• 올바른 길을 걸어가고 있고 그 길로 계속 가려는 의지를 갖고 있다면 끝내는 발전을 거둘 것이다.

• 자기 자신보다 무언가 더 큰 것을 이루려는 야망을 가질 때에 비로소 자기의 진정한 잠재력을 실현하게 될 것이다.

• 우리가 소중이 하는 가치들에 대해 아무런 대가도 지불하지 않으려고 한다면, 적어도 우리가 진심으로 그 가치들이 좋은 것이라고 생각하고는 있는지에 대해 자문해 보아야 한다.

학자, 발명가, 탐험가

피타고라스

(기원전 580?~500?)

> 사모스 섬 태생의 고대 그리스 수학자·철학자·종교가. 수(數)를 만물의 기원으로 삼았다. 오르페우스교적 신비주의를 설파하고, 남이탈리아에서 종교 교단을 조직하였다. 유명한 '피타고라스의 정리'를 발견하였다.

• 자기 스스로를 다스릴 수 없는 사람은 자유를 누릴 수 없다.

• 성냄은 언제나 어리석음에서 시작되어 회한으로 끝난다.

• 만약 빛(明)이 있다면 어둠(暗)이 있다. 차가운(冷) 것이 있으면 뜨거운(熱) 것이, 높은(高) 것이 있으면 낮은 것이(低), 거칠면 부드러운 것이, 조용하면 격정(激情)이, 영광이 있으면 역경(逆境)이, 삶이 있다면 죽음이 있다.

• 사람의 입에서 나오는 말이란 나뭇잎과 같다. 나뭇잎이 무성할 때는 과실이 적은 법이다. 우리는 침묵하든지, 아니면 침묵 이상의 말을 해야 한다.

- 절식(節食)하면 머리가 맑아진다.

- 하루의 행동을 세 가지 측면에서 생각해 보기 전에는 잠들지 말지어다. 규칙에 어긋난 일이 있었는가? 오늘 한 일은 무엇인가? 할 일을 빠뜨린 것은 없는가?

- 욕망은 만족할 줄 모른다.

- 만사에 앞서서 그대 자신을 존경하라.

talk 토크 — 음악도 수학과 밀접한 관계가 있다

피타고라스는 음정이 '수'의 지배를 받는다는 사실을 발견했다. 음정은 동시에 울리거나 연이어 울리는 두 음의 높이의 간격인데, 일반적으로 '도'를 단위로 해서 음계에서 똑같은 단계에 있는 두 음의 음정을 1도, 한 단계 떨어져 있는 두 음의 음정을 2도라고 한다. 간격이 한 단계씩 넓어짐에 따라 3도, 4도라고 하는데, 8도를 1옥타브라고 부른다.

피타고라스는 장력과 재질이 서로 같은 두 현을 퉁겼을 때 나오는 두 음은 길이의 비가 2:1이면 8도, 3:2면 5도, 4:3이면 4도 음정이 난다는 사실을 발견했다. 그리고 현의 길이가 이렇게 간단한 정수의 비로 표현될수록 어울리는 소리가 나고, 복잡할수록 어울리지 않는다는 사실도 발견했다. 실제로 1도, 4도, 5도, 8도 음정을 '완전 어울림 음정'이라고 한다.

이렇게 피타고라스의 음정 이론이 서양 음악 이론의 출발점이 되면서 음악과 수학은 밀접한 관계를 맺게 되었다.

히포크라테스
(기원전 460?~377?)

> 고대 그리스의 의학자로 의성(醫聖)이라 불린다. 에게 해의 코스 섬에서 태어나 아버지에게 의술을 배운 뒤 트라키아에 유학, 그곳에서 철학·수사학·의과학 등을 공부했다. 풍부한 지식과 경험, 높은 인격을 갖춘 의사로서 오늘날까지 의사들의 롤 모델이다.

• 병을 고치는 것은 환자 자신이 가진 자연 치유력뿐이다. 의사는 그것을 방해해서는 안 된다. 또한 병을 고쳤다고 해서 약이나 의사 자신의 덕이라고 자랑해서도 안 된다.

• 건강이 가장 값진 재산이라는 것을 잘 아는 사람, 자신의 판단으로 자신의 질병을 치료할 수 있는 사람은 현명하다.

• 음식물로 고치지 못하는 병은 의사도 못 고친다.

• 지나치게 먹어서는 안 된다. 오히려 속을 완전히 텅 비워 버리는 편이 좋은 경우도 있다. 병의 힘이 최고조에 도달하지 않은 한은, 공복인 채로 있는 쪽이 병의 치료에 효과적이다.

• 새벽에 걷는 것은 심리적으로 불안한 사람에게 유익하며, 아침 저녁에 걷는 것은 지나치게 감성적인 사람에게 좋다. 그리고 기운차게 걷는 것은 잘못된 환상이나 그릇된 생각을 극복하는 데 도움이 되고 체중을 줄이고 몸을 균형 있게 한다.

• 치료는 세월이 해결할 문제이지만, 때로는 기회가 해결할 문제이기도 하다.

talk 토크 의사로서의 맹세, '히포크라테스 선서'

이제 의업에 종사할 허락을 받으며 나의 생애를 인류 봉사에 바칠 것을 엄숙히 서약하노라.
나의 은사에 대하여 존경에 감사를 드리겠노라.
나의 양심과 위엄으로써 의술을 베풀겠노라.
나는 환자의 건강과 생명을 첫째로 생각하겠노라.
나는 환자가 알려 준 모든 비밀을 지키겠노라.
나는 의업의 고귀한 전통과 명예를 유지하겠노라.
나는 동업자를 형제처럼 여기겠노라.
나는 인종·종교·국적·정당·정파, 또는 사회적 지위 여하를 초월하여 오직 환자에 대한 나의 의무를 지키겠노라.
나는 인간의 생명을 그 수태된 때부터 지상의 것으로 존중히 여기겠노라.
비록 위협을 당할지라도 나의 지식을 인도(人道)에 어긋나게 쓰지 않겠노라.
이상의 서약을 나의 자유 의사로 나의 명예를 받들어 하노라.

콜럼버스
(1451~1506)

> 이탈리아의 항해가. 지동설을 믿고 에스파냐 여왕 이사벨라 1세의 원조를 받아 아메리카 대륙을 발견했다. 하지만, 그는 그곳이 인도라고 믿었다고 한다. 인디언의 담배를 유럽에 전하기도 했다.

• 잠이 꿈을 주듯 바다는 사람에게 희망을 준다.

• 모방은 누구나 할 수 있지만, 남보다 먼저 개혁하는 것은 아무나 할 수 없다.

• 물론 달걀은 누구나 세울 수 있습니다. 하지만 누구나 이 방법을 생각해 낼 수 있는 건 아닙니다.

talk토크 '콜럼버스의 달걀'은 파이어니어의 상징

콜럼버스는 아메리카 대륙을 발견하고 돌아와 큰 환영을 받았다.
그러나 개중에는 별일 아니라는 듯 비꼬는 사람들도 있었다.
"배를 타고 서쪽으로 가기만 하면 되는 거 아니야?"
그러자 콜럼버스가 달걀을 테이블 위에 세워 보라고 말했다.
사람들이 달걀을 세우는 데 실패하자 콜럼버스는 달걀의 한쪽 끝을 테이블에 살짝 쳐 평평하게 만든 다음 테이블 위에 세웠다.
지켜보던 사람들은, 그런 방법이라면 누구라도 달걀을 세울 수 있다고 소리쳤다. 그러자 콜럼버스가 위와 같이 말했다고 한다.
'콜럼버스의 달걀'은 선구자·개척자 정신을 상징하게 되었다.

이황
(1501~1570)

조선의 유학자. 호는 퇴계. 성리학의 체계를 집대성한 대유학자로 이이와 함께 유학계의 쌍벽을 이루었다. 이기 이원론(理氣二元論)과 사칠론(四七論)을 중심 사상으로 했다. 저서에 〈퇴계전서〉〈주자서절요〉 등이 있다.

• 모기는 산을 짊어질 수 없고 작대기는 큰 집을 버틸 수 없다.

• 부귀는 뜬 연기와 같고 명예는 나는 파리와 같다.

• 부부는 인륜의 시초이며 만복의 근원이다. 비록 지극히 친밀한 사이이지만 또한 지극히 바르고 삼갈 자리이다.

• 사람들이 질문을 하면 비록 하찮은 말이라도 반드시 잘 생각하였다가 답하고, 아무 생각 없이 곧장 대답해서는 안 된다.

• 알면서 실천하지 않는 것은 참된 앎이 아니다.

• 낮에 읽은 것을 밤에 반드시 사색하라.

• 일상생활에서의 언동(言動)에 보편타당성이 있으면 잘못이 없다.

• 제자를 가르칠 때 먼저 그 사람의 뜻이 어떠한가를 살폈는데, 능력에 따라 가르쳤다. 입지를 가장 중요시하여, 스스로 근독(謹篤)함으로써 인격 실현이 되도록 하였다.

• 근심 속에 낙(樂)이 있고, 낙 가운데 근심이 있다.

• 만 가지 이치, 하나의 근원은 단번에 깨쳐지는 것이 아니므로 참마음, 진실된 본체는 애써 연구하는 데 있다.

퇴계 이황(左)
율곡 이이(右)
조선 성리학의 양대 산맥이라 일컬어진다.

이이
(1536~1584)

> 조선의 문신·유학자. 호는 율곡. 어머니는 사임당 신씨. 호조 판서·이조 판서·병조 판서·우찬성 등을 지냈다. 서경덕의 학설을 이어받아 주기론(主氣論)을 발전시켰는데 이황의 이기 이원론과 대립하였다. 〈율곡전서〉〈성학집요〉〈격몽요결〉 등의 저서가 있다.

• 천하의 모든 물건 중에는 내 몸보다 더 소중한 것이 없다. 그런데 이 몸은 부모가 주신 것이다.

• 옥(玉)도 갈지 않으면 그릇을 만들 수 없고, 사람은 배우지 않으면 도(道)를 알 수 없다.

• 시의(時宜)라는 것은 때에 따라 변통하여 법을 만듦으로써 백성을 구하는 것이다.

• 인심이 함께 옳다고 하는 것을 공론이라고 하고, 공론이 선 것을 국시(國是)라고 한다. 국시란 한 나라의 사람들이 꾀하지 아니하고도 다 함께 옳다고 하는 것이니, 이로움으로 해서 유혹하는 것도 아니며 위세로써 두렵게 하는 것도 아니면서, 삼척동자도 알 만한 것이 국시이다.

• 옹졸한 사나이는 벼슬을 얻지 못하였을 때에는 얻으려고 걱정하고, 일단 벼슬을 얻었을 때에는 그것을 잃을까 걱정한다. 참으로 벼슬을 잃을까 걱정하는 사람은 그 수단으로 무슨 짓이라도 한다.

• 뜬 구름이 달을 가려도 (달의) 광휘가 구름 사이에 돌연히 나타나곤 한다. 의(義)의 간살도 비록 물욕에 가리어져 있으나, 수오(羞惡)의 정이 때때로 나타나 보임이 또한 이와 같은 이치이다.

• 물욕은 흔들리는 그릇 속의 물이다. 흔들림이 그치기만 하면, 물은 차츰 맑아져서 처음과 같아진다.

• 사람들이 독서하는 데 있어서 입으로만 읽고 마음으로 체험하지 아니하며 몸으로 행하지 아니하면, 글은 다만 글자에 지나지 않으며 나는 나대로라는 격이니 실제로 유익한 것은 없다.

이이가 태어난 강릉 오죽헌

갈릴레이
(1564~1642)

> 근대 자연 과학의 시조라 불리는 이탈리아의 과학자. 물체의 낙하 법칙, 관성의 법칙 등 역학상의 법칙을 발견하고, 자신이 만든 망원경으로 달 표면의 요철, 목성의 위성, 태양의 흑점 등을 발견했다. 코페르니쿠스의 지동설을 인정하여 종교 재판을 받기도 했다.

• 그래도 지구는 돈다.

• 어찌하여 그대는 타인의 보고만 믿고 자기 눈으로 관찰하거나 보려고 하지 않는가.

• 우리는 사람들에게 그 어떤 것도 가르칠 수 없다. 우리가 할 수 있는 일은 다만 그들이 자기 안에서 무엇인가를 찾도록 돕는 것이다.

• 진실을 모르면 바보요, 진실을 알고도 거짓을 가르치면 범죄다.

• 나는 우리에게 감성, 이성, 그리고 지성을 부여한 신이 그 혜택을 무시하라고 했다는 점을 감사하다고 믿을 필요를 느끼지 않는다.

파스칼
(1623~1662)

> 프랑스의 사상가·수학자·물리학자. 수학에서는 '원뿔 곡선론'과 '확률론'을 발표하고, 물리학에서는 '파스칼의 원리'를 발견했다. 사상적으로는 현대 실존주의의 선구로 간주된다. '인간은 생각하는 갈대'라는 말은 그의 저서 〈팡세〉에 나온다.

• 인간은 더없이 연약한 한 줄기의 갈대에 불과하다. 그러나 생각하는 갈대이다.

• 신념은 현명한 도박이다. 신념은 증명될 수 없기 때문에 밑져야 본전이다. 만일 당신이 얻는다면 당신은 모든 것을 얻을 것이고, 만일 당신이 잃는다면 당신은 하나도 잃을 것이 없다. 그러므로 주저하지 말고 신념을 믿어라.

• 사람들에게 좋은 평을 듣고 싶다면 자신의 우수한 점을 내세워 말하지 마라.

• 시간은 슬픔과 다툼도 가라앉힌다. 왜냐하면, 우리는 같은 인간으로 머무르지 않고 끊임없이 변화하기 때문이다.

• 힘없는 정부는 미약(微弱)하고, 정의 없는 힘은 포악(暴惡)이다.

• 우리는 이치로써만이 아니라 가슴을 통해서도 진리를 터득한다.

• 습관은 제2의 천성으로 제1의 천성을 파괴한다.

• 악은 행하기 쉽다. 그리고 그 형태는 끝이 없다.

• 고민하면서 길을 찾는 사람들, 그들이 참된 인간상이다.

• 우리는 자신의 허물을 지적해 주는 사람에게 감사할 줄 알아야 한다. 물론 우리의 허물을 지적해 주었다 해서 그 허물이 없어지는 것은 아니지만, 지적해 줌으로써 자신의 허물을 볼 수 있게 된다. 그런 허물은 우리의 마음을 불안하게 하고 양심의 가책을 느끼게 해 그 허물을 그쳐 불안한 마음에서 해방되려고 노력할 것이기 때문이다.

• 사소한 잘못을 용서할 수 없다면, 우정은 결코 깊어질 수 없다.

뉴턴
(1642~1727)

> 영국의 물리학자·천문학자·수학자. 근대 정밀 자연 과학의 시조. 반사 망원경을 만들고, 빛의 입자설을 주장하였다. 미분법 발견과 함께 역학 체계를 건설하여 만유인력의 원리를 확립하였다. 저서에 〈프린키피아〉가 있다.

• 만약 내가 다른 이들보다 더 멀리 볼 수 있었다면, 그것은 바로 거인(巨人)들의 어깨 위에 올라섰기 때문이다.

• 나는 진리의 바닷가에서 아직 조개를 주운 정도에 불과하다. 아직 발견하지 못한 진리는 무한하다.

• 오늘 할 수 있는 일에 전력을 다하라. 그러면 내일에는 한 걸음 더 진보한다.

• 시련이란 우리의 우아하고 현명한 의사가 처방해 주는 약(藥)이다. 왜냐하면, 우리가 필요로 하기 때문이다. 의사는 경우에 따라 약의 용량과 빈도를 조절한다. 우리는 의사의 능력을 믿고 처방에 감사해야 한다.

• 힘을 내라! 힘을 내면 약한 것이 강해지고 빈약한 것이 풍부해질 수 있다.

• 굳은 인내와 노력이 없었던 천재는 이 세상에 존재하지 않았다.

• 내가 발견한 것 중 가장 귀중한 것은 인내였다.

• 나는 가설(假說)을 만들지 않는다.

talk 토크 뉴턴과 관계있는 재미있는 에피소드들

독일의 수학자 라이프니츠가 1684년에 미적분 관련 논문을 발표하자 뉴턴 진영에서 그 연구는 이미 뉴턴이 완성한 것이라고 반박했다. 말하자면 저작권 싸움이 벌어진 것이다.
싸움은 뉴턴 대 라이프니츠의 싸움을 넘어 영국 진영과, 영국을 제외한 유럽 대륙 진영의 싸움으로 번져, 그 후 약 100년 동안이나 계속되었다. 결국 영국과 대륙 간의 학문 교류까지 단절되었다.
훗날, 두 사람이 서로 독립적으로 거의 동시에 미적분법을 발견한 것으로 결론지어졌다.
뉴턴은 케임브리지 대학의 추천으로 국회 의원이 되었는데, 워낙 조용하고 비사교적인 성격이라 국회 의원 생활에 적응하지 못했다. 그가 1년 동안 국회 의원 생활을 하면서 한 말이라고는 수위에게 한 "문 좀 닫아 주시오."였다고 한다.
또한 그의 강의는 워낙 재미가 없어서 빈 강의실일 때가 많았다. 그러나 그는 개의치 않고 텅 빈 강의실에서 강의를 했다고 한다.

페스탈로치
(1746~1827)

> 스위스의 교육가. 루소의 영향을 받아, 고아·아동 교육에 생애를 바쳤다. 자연에 입각한 인간 형성을 교육 원리로 하고, 신체·지능·도덕의 조화로운 발달을 교육의 목표로, 개인의 독립에 의한 사회 개혁을 기도하였다. 저서에 〈은자의 황혼〉 등이 있다.

• 가정은 도덕의 학교이다. 가정에서의 인성 교육은 중요하다.

• 인간은 그가 늘 종사하고 있는 노동 속에서 세계관의 기초를 구하지 않으면 안 된다.

• 교육의 목표는 머리와 손과 가슴, 즉 지식과 기술과 도덕의 세 가지가 두루 조화된 전인 형성에 있다.

• 건강한 몸을 가진 사람이 아니고는 조국에 충실히 봉사하는 사람이 되기 어렵다. 우선 좋은 부모, 좋은 자식, 좋은 형제, 좋은 이웃이 되기 어렵기 때문이다. 자신을 위해서뿐만 아니라 식구를 위해서, 나아가 이웃과 나라를 위해서도 건강해야 한다. 요새를 지키듯 스스로 건강을 지키자.

• 고귀한 지혜를 가진 사람일지라도 자신에게 순수한 인격이 없다면, 어두운 그늘이 그를 둘러쌀 것이다. 그러나 천한 오막살이에 있을지라도 교육된 인격은 순수하고 기품 있는 만족된 인간의 위대함을 발산한다.

• 가정의 단란함이 이 세상에서 가장 빛나는 기쁨이다. 그리고 자녀를 보는 즐거움은 사람의 가장 거룩한 즐거움이다.

• 고난과 눈물이 나를 높은 예지(叡智)로 이끌어 올렸다. 보석과 즐거움은 이것을 이루어 주지 못했을 것이다.

• 그대가 순진하고 맑고 결백한 마음을 간직하였다면 열 개의 진주 목걸이보다도 더 그대의 행복을 위한 빛이 될 것이다. 비록 그대가 지금 불행한 환경에 처해 있더라도 만일 그대의 마음이 진실하다면 아직 힘찬 행복을 간직하고 있는 것이다. 왜냐하면, 진실한 마음에서만 인생을 헤어날 힘찬 지혜가 우러나오기 때문이다.

• 교육은 사회를 개혁하기 위한 수단이다.

정약용
(1762~1836)

> 조선의 문신이자 실학자. 호는 다산·사암 등. 형조 참의 등의 벼슬을 지냈으나 정치적·종교적 이유로 좌천되거나 전남 강진에서 귀양살이를 하기도 했다. 실학(實學)을 집대성한 실학자로 〈목민심서〉〈경세유표〉 등 6백여 권을 썼고, 과학 기술에도 뛰어났다.

• 목민관은 네 종류를 두려워해야 한다. 아래로는 백성을 두려워해야 하고 위로는 대성(臺省:요즘의 감찰 기관 즉 검찰이나 감사원)을 두려워해야 하고, 또 그 위로는 조정(朝廷:요즘의 청와대)을 두려워하고, 또 그 위로는 하늘을 두려워해야 한다.

• 사람들은 가마 타는 즐거움만 알고 가마 메는 고통은 알지 못한다.

• 언관의 자리에 있을 때에는 모름지기 날마다 격언과 당론(곧고 바른 의논)을 올려야 한다. 위로는 임금의 잘못을 공격하고, 아래로는 알려지지 않은 백성들의 고통이 드러나게 해야 한다.

• 차(茶)를 마실 줄 모르는 민족은 망한다.

• 사람이란 허물이 있기 마련이다. 그래서 급선무는 오직 '개과(改過)' 두 글자일 뿐이다. 세상을 우습게 여기고 남을 깔보는 것이 하나의 허물이다. 재주와 능력을 빛내는 것이 또 하나의 허물이다. 영예를 탐내고 이익을 좋아함이 또 허물이고, 은혜 베푼 것만 생각하며 원한을 품은 것이 또 하나다. 자기 편하고만 함께하고 다른 편은 공격함이 또 허물이다.

• 기술을 천히 여겨서는 안 된다. 기술이 인간의 생활에서 차지하는 비중과 역할은 대단히 크다. 이를 올바로 인식해야 한다. 인간과 짐승을 구별하는 것은 인륜을 가진 데만 있는 것이 아니라 기술을 소유하고 그걸 발전시켜 나가는 데 있다.

수원 화성 성곽(左)
거중기(上)
정약용은 거중기를 만들어, 화성을 쌓는 데 이용했다.

가우스
(1777~1855)

> 독일의 수학자. 대수학의 기본 정리를 증명하여 정수론(整數論)의 완전한 체계를 이뤘다. 천문학·측지학·전자기학(電磁氣學)에도 업적을 남겼다.

• 알고 있는 것이 아닌 배워 나가는 것이, 소유하고 있는 것이 아닌 획득하는 것이, 그곳에 있는 것이 아닌 그곳에 도달하는 것이 가장 큰 즐거움을 안겨 준다.

• 수학은 모든 과학의 여왕이며 수 이론(수론)은 수학의 여왕이다. 그 여왕은 겸손해서 종종 천문학이나 다른 자연 과학에 도움을 주기도 한다. 그러나 모든 관계(상호 작용을 설명하는 이론)에서 그 여왕은 최고 자리에 오를 만한 자격이 있다.

talk토크 수학자 디오판토스의 묘비에 쓰인 글

지나가는 나그네여, 이 비석 밑에는 디오판토스가 잠들어 있소. 그의 생애를 수로 말하겠소. 일생의 1/6은 소년 시대였고 1/12는 청년 시대였소. 그 뒤 다시 일생의 1/7을 혼자 살다가 결혼하여 5년 후에 아들을 낳았고, 그의 아들은 아버지 생애의 1/2만큼 살다 죽었으며, 아들이 죽고 난 4년 후에 비로소 디오판토스는 일생을 마쳤노라.

* 이 묘비를 수식으로 표현하면 일차 방정식이 된다. 답은 84세. 디오판토스는 246년에 태어나 330년에 사망했다고 한다.

다윈
(1809~1882)

> 영국의 생물학자. 남반구를 탐사하여 수집한 화석 및 생물의 연구로 진화(進化) 사실을 확신했고, 1858년에 자연 선택설에 의한 진화론을 발표했다. 〈종(種)의 기원〉〈가축 및 재배 식물의 변이〉 등의 저서가 있다.

- 살아 있는 모든 생명체에 대한 사랑은 인간의 가장 숭고한 본성이다.

- 강한 자가 살아남는 것이 아니다. 현명한 자가 살아남는 것도 아니다. 변화하는 자가 살아남는다.

- 인간은 고상한 품격을 갖고 신과 같은 지성으로 태양계의 움직임과 구성을 간파하였음에도 불구하고 그 몸속에는 아직도 지울 수 없는 미천한 근본의 흔적을 지니고 있다.

- 인생의 한 시간을 낭비하는 사람은 인생의 가치를 발견하지 못한 사람이다.

- 가장 가치 있는 교육은 방법에 관한 교육이다.

• 생존 경쟁에 대한 자연 도태로 인하여 모든 생물은 적자생존의 원칙에 따라 진화된다.

• 어떤 동물이든지, 부모와 자식으로서의 도리 같은 명확한 사회적 본능을 익히게 되면, 지능이 발달해 감에 따라 약간의 도덕적 감각 혹은 양심을 후천적으로 습득한다. 사람들과 마찬가지이다.

• 나는 자애롭고 전지전능한 신이, 살아 있는 유충들의 몸속에서 그 살을 파먹겠다는 의지를 뚜렷이 드러내는 맵시벌과를 의도적으로 창조했다는 것을 도저히 납득할 수가 없다.

talk 토크 세상 만물은 신의 뜻대로 이루어지지 않았다

다윈은 1859년에 〈종의 기원〉이란 책에서, 지구상의 모든 생물체는 신의 뜻에 의해 창조되고 지배된다는 '종의 불변설'을 뒤집고, 단순한 원시 형태에서 차차 변화 발달하여 현재의 모양이 되었다는 '진화설'을 주장하여 센세이션을 일으켰다.
동·식물에 있어서 어버이와 자식은 대체로 비슷하지만 조금씩 다른 점이 있는데 인간도 역시 마찬가지이며, 그는 이를 '생물의 변이'라고 했다. 또한 동·식물의 변이 중에서 필요한 것만을 골라 몇 대에 걸쳐 되풀이하면 좋은 품종을 얻을 수 있는데 이를 인위선택(또는 인위 도태)이라고 했다.
그의 주장은 차츰 인정을 받아, 물리학에서 뉴턴의 역학과 함께 인류의 자연관·세계관 형성에 큰 영향을 주었다.

벨
(1847~1922)

영국 태생의 미국 발명가. 음성 생리학을 연구하여 농아 교육에 힘썼다. 음파(音波)의 연구에서 자석식 전화기를 발명하고, 벨 전화 회사를 설립했다.

• 나는 전화를 발명한 사람으로 기억되기보다는 농아들의 선생으로 기억되고 싶다.

• 늘 다니던 길을 벗어나 숲 속으로 몸을 던져라. 반드시 전에 보지 못한 무언가를 발견하게 될 것이다.

(루슨트 벨 연구소 로비에 새겨진 글)

• 마지막에 성공의 깃발을 높이 드는 사람은 작은 노력들을 꾸준히 쌓은 사람이다. 그는 조심스럽게 한 걸음 한 걸음 전진하면서 그의 정신을 조금씩 확대해 나간다. 그는 그 과정에서 모든 주제나 상황을 파악하는 능력을 차츰 갖추게 된다.

• 어떤 일을 하고 싶은지 스스로 찾아내고, 전력을 다해 몰두하라. 다른 사람보다 한 걸음 앞서고 싶으면 장래의 계획은 자기가 정해야 한다. 알맞게 몰두할 수 있는 일에서 의욕과 힘을 찾아내어 성공을 향한 길로 나아가라.

에디슨
(1847~1931)

'발명왕'이라 불리는 미국의 발명가. 초등학교 입학 3개월 만에 퇴학당하고 집에서 어머니에게 교육을 받았다. 전신기·전화기·백열 전구·알칼리 축전지 등 여러 방면에 걸쳐 발명, 개량하여 특허 건수만 1천 건 이상이나 되었다.

• 천재는 99%의 땀과 1%의 영감으로 이루어진다.

• 전구를 발명하기 위해 나는 9,999번의 실험을 했으나 잘되지 않았다. 그러자 한 친구가 실패를 1만 번째 되풀이할 셈이냐고 물었다. 그러나 나는 실패한 게 아니고, 다만 전구가 안 되는 이치를 발견했을 뿐이다.

• 변명 중에서도 가장 어리석고 못난 변명은 "시간이 없어서…"라는 변명이다.

• 인생에 있어서 성공하기를 바라는 사람은 굳은 참을성을 벗으로 삼고, 경험을 현명한 조언자로 하며, 주의력을 형으로 삼고, 희망을 수호신으로 하라.

• 자신감은 성공으로 이끄는 제1의 비결이다.

• 절대로 시계를 보지 마라. 이것은 젊은이들이 꼭 기억해 주기 바라는 일이다.

• 최상의 사고(思考)는 고독 안에서 이루어진다. 최악의 사고는 혼란 속에서 나온다.

• 성공이란 그 결과로 측정하는 게 아니라, 그것에 소비한 노력의 총계로 따져야 한다.

• 세상을 위해 일하지 않으면 사는 데 의의가 없다.

• 내가 80세가 되기까지 원기 왕성하게 하루도 쉬지 않고 연구를 계속할 수 있는 비결이란 다른 것이 아니다. 나는 쓸데없는 일로 나를 피로하게 만들지 않았을 따름이다. 앉을 수 있는 곳에서는 앉고, 누울 수 있는 곳에서는 누워서 몸을 쉬었다. 쓸데없이 몸을 일으키거나 서 있지 않았다.

• 천재란 노력을 계속할 수 있는 재능이다.

• 장래에 희망을 가져라! 그리하여 전진하라.

• 과거는 모두 잊었다. 나는 미래만 바라본다.

• 남들이 성공적으로 이용한 진기하고 재미난 아이디어들을 그대로 넘기지 마라. 당신이 안고 있는 문제를 풀기 위해 그것들을 응용할 때, 그것은 이미 당신의 독창적인 아이디어가 된다.

• 고생하지 않고 얻을 수 있는 귀중한 것은 하나도 없다.

talk토크 돈과는 거리가 멀었던 불운의 발명왕

에디슨은 역사상 전무후무(?)한 발명가이다. '발명왕'이란 명칭은 오롯이 에디슨의 몫이다.
에디슨이 특허를 받은 발명품만 1천 개가 넘는다. 그 품목도 다양하여 입이 다물어지지 않을 정도이다.
전기 투표 기록기, 주식 상장 표시기(株式上場表示機), 이중 전신기, 인자 전신기(印字電信機), 축음기, 백열전등, 영화 촬영기·영사기, 자기 선광법(磁氣選鑛法), 축전기, 소켓, 스위치, 안전 퓨즈, 적산 전력계(積算電力計) 등등.
하지만 그는 이런 온갖 발명품으로 돈을 모으지는 못했다. 전구의 특허권을 둘러싼 소송으로 엄청난 경제적 손실을 보고, 자신이 세운 회사에서 물러나기까지 했다.
"나는 전등을 발명하였으나 전혀 이익을 보지 못했다."
그는 대학의 강의를 경멸하였다. 보통 교육에 대해서도 "현재의 시스템은, 두뇌를 하나의 틀에 맞추어 가고 있다. 독창적인 사고를 길러 내지는 못한다. 중요한 것은 무엇이 만들어지고 있는 과정을 지켜보는 일이다."라고 날카롭게 비판하였다.

프로이트
(1856~1939)

> 오스트리아의 신경과 의사. 히스테리증 치료법의 연구에서 무의식의 존재를 확신하고, 카타르시스나 자유 연상법을 이용하는 정신 분석의 방법을 발견, 잠재의식을 바탕으로 한 심층 심리학을 수립했다. 〈꿈의 해석〉〈정신 분석학 입문〉 등의 저서가 있다.

• 가족의 격려와 칭찬은 자신감을 주며 그를 성공으로 이끈다.

• 보는 눈과 듣는 귀를 가진 사람들 앞에서 절대 비밀을 지킬 수 없다는 것을 명심해야 한다. 입술이 잠자코 있어도 손가락이 가만히 있지 못한다. 비밀은 몸에서 흘러나오기 마련이다.

• 이기주의자란 자기도 이기주의자일 수 있다는 생각을 전혀 해 보지 않은 사람이다.

• 우리 체내의 깊은 마음속에는 어떤 강력한 힘이 있다. 그것은 우리의 의식하는 마음과는 별개의 것으로, 끊임없이 활동을 계속하여, 사고와 감정과 행동의 근원이 된다.

• 인생의 목적에 대한 의문은 무한이라고 해도 좋을 만큼 제출되었지만, 아직까지 그에 대한 답이 주어진 적은 없다. 그처럼 결코 답이 허용되지 않는 모양이다.

• 지적 노동과 정신 활동으로부터 충분한 쾌락을 끌어낼 줄 아는 때에는, 이미 운명도 그대를 어쩌지 못한다.

• 꿈의 해석은 무의식(無意識)의 세계를 이해하는 지름길이다.

• 지금껏 내가 답을 알아내지 못한 가장 큰 의문은 '여자는 무엇을 원하는가?' 이다.

• 종교는 환상이며 그것이 우리의 본능적 욕망과 일치한다는 사실로부터 그 힘이 생긴다.

• 욕망과 성(性)의 충동이 인간 행동의 두 가지 동기이다.

• 여자들은 정신적 승화에 익숙하지 않기 때문에 넘치는 성욕으로 고통받는다.

퀴리 부인
(1867~1934)

> 폴란드 태생의 프랑스 물리학자·화학자. 남편 피에르 퀴리와 함께 폴로늄과 라듐을 발견하고, 라듐이 우라늄보다 더 강한 방사능이 있음을 알아냈다. 이 성과로 노벨 물리학상을 공동 수상했다. 퀴리 부인은 라듐 분리에 성공하여 노벨 화학상도 수상했다.

• 가족이 맺어져 하나가 되어 있다는 것이야말로 이 세상에서의 유일한 행복이다.

• 우리는 무엇이든 재능을 가지고 있다는 것, 그리고 무엇인가에 어떠한 희생을 치르더라도 도달하지 않으면 안 될 목표가 존재한다는 사실을 명심해야 한다.

• 사치와 부를 미치광이처럼 추구하는 사회에서는 과학이 인간 사회의 가장 가치 있는 정신적 유산이라는 것을 알 리가 없다.

• 우리는 꿈과 희망, 이상과 같은 정신적인 힘을 찾아야 한다. 정신적인 힘은 우리를 오만하게 하는 일 없이 삶의 가치를 드높인다.

아문센
(1872~1928)

> 노르웨이의 탐험가. 1911년 인류 최초로 남극점에 도달하였고, '노르게호'라는 비행선으로 북극점 상공을 통과하였다. 이탈리아의 탐험대가 조난당하자 비행기로 구조에 나섰다 행방불명되었다.

• 오직 철저하게 준비한 사람에게만 승리의 여신이 찾아온다. 하지만 잘 모르는 사람들은 그것을 '행운'이라고 부른다. 알맞은 시간 안에 필요한 사전 조치를 취하지 않은 사람에게는 패배가 있을 뿐이다. 잘 모르는 사람은 그것을 '불운'이라고 부른다.

• 어설프게 행동하는 것, 주저하는 것보다 나쁜 것은 없다. 한 가지 목표를 정하고 모든 에너지를 쏟아부어라.

talk토크 남극점에 먼저 깃발을 꽂기 위한 세기의 경쟁

노르웨이의 아문센과 영국의 스콧은 거의 동시에 남극점 정복에 나선다. 두 사람의 경쟁은 노르웨이와 영국의 자존심 싸움으로 바뀐다. 개 썰매를 이용한 아문센은 무사히 남극점을 정복하고 돌아오지만, 동력 썰매를 이용한 스콧은 남극점 정복에는 성공하지만 무사히 귀환하지 못하고 남극에서 삶을 마감한다.

슈바이처
(1875~1965)

> 독일의 신학자·철학자·음악가·의사. 아프리카 가봉의 랑바레네에 병원을 짓고 원주민의 치료에 진력하여 '아프리카의 성자'라 불린다. 핵 실험 금지를 주장하는 등 세계 평화에 공헌하여 노벨 평화상을 받았다. 〈물과 원시림 사이에서〉 등의 저서가 있다.

• 30세까지는 자신의 학문과 예술을 위하여 살자. 그러나 30세 이후부터는 남을 위하여 봉사하면서 살자.

• 우리는 모두 한데 모여 북적대며 살고 있다. 그러나 우리는 너무나 고독해서 죽어 가고 있다.

• 현대인이 하루 몇 분만이라도 밤하늘을 쳐다보며 우주를 생각한다면 현대 문명은 이렇게 병들지 않았을 것이다.

• 낙천주의자는 모든 장소에서 청신호밖에 보지 않는 사람이다. 비관주의자는 붉은 정지 신호밖에는 보지 않는 사람이다. 그러나 정말 현명한 사람이란 색맹을 말한다.

• 어린 시절의 이상주의(理想主義) 가운데에서 인간의 진리가 발견될 수 있으며, 어린 시절의 이상주의야말로 이 세상의 그 무엇과도 바꿀 수 없는 인간의 부(富)이다.

• 우리들 성인(成人)들이 청년들에게 가르쳐야 할 처세에 대한 지식은, 현실을 너희들의 이상(理想)에 따라 살아야 하며 생활에 뺏기지 않도록 하라는 것이다.

• 원자력 전쟁에서는 승자가 없다. 있는 것은 패자뿐이다.

• 우리들 의료인은 아무것도 하지 않는다. 단지 우리 생체 내에 내재(內在)하는 '의사'를 도우며 격려할 뿐이다.

• 사색하기를 포기하는 것은 정신적 파산 선고나 마찬가지이다.

• 삶을 바라보는 인간의 방식이 그의 운명(運命)을 결정한다.

아인슈타인
(1879~1955)

> 독일에서 유대 인 아버지, 독일인 어머니 사이에서 태어나 취리히 연방 공과 대학에서 물리학과 수학을 공부했다. 히틀러를 피해 미국으로 건너가, 프린스턴에서 말년을 보냈다. 일반 상대성 원리, 특수 상대성 원리, 광량자 가설, 통일장 이론 등을 발표하여 세계 최고의 이론 물리학자로 우뚝 섰으며 노벨 물리학상을 받았다.

• 나는 똑똑한 것이 아니라 단지 문제를 더 오래 연구할 뿐이다.

• 멋진 여자와 연애하고 있을 때는 1시간이 마치 1초처럼 흘러간다. 뜨거운 숯 위에 앉아 있을 때는 1초가 마치 1시간처럼 흘러간다. 그것이 상대성이다.

• 한 번도 실수를 해 보지 않은 사람은 한 번도 새로운 것을 시도한 적이 없는 사람이다.

• 인간의 행동과 고등 동물의 행동이 확연히 다른 것처럼 보이지만 원초적 본능은 비슷하다. 그래도 가장 큰 차이는 인간만이 무한한 상상력을 지니고 있고, 언어의 도움으로 사고를 한다는 것이다.

• 어느 것이 자랄지는 결코 알 수 없다. 그러니 계속 씨를 뿌려라. 어쩌면 모두 자랄 수도 있을 것이다.

• 인생은 자전거를 타는 것과 마찬가지이다. 균형을 잡으려면 끊임없이 움직여야 한다.

• 타인의 비판을 두려워하지 마라. 시기적절한 비판만큼 좋은 것도 없다.

• 다른 사람을 움직이는 유일한 수단은 스스로 모범을 보이는 것뿐이다.

• 일단 한계를 받아들이고 나면, 한계를 넘어서게 된다.

• 나는 성공한 사람보다는 가치 있는 사람이 되기 위해 노력한다.

• 지식은 두 가지 형태로 존재한다. 하나는 책 속에서 죽어 있는 형태로, 또 하나는 사람의 의식 속에서 살아 있는 형태로. 전자(前者)는 절대적으로 필요한 듯 보이지만 그렇게 대단한 것이 아니며, 후자(後者)야말로 본질적인 것이다.

• 사람들은 나에게 수많은 아이디어들을 기록하는 노트가 있는지 물어보곤 한다. 나에게는 오직 하나의 노트만 있다. 그것은 바로 내 머리이다.

• 나는 미래에 대해서는 결코 생각하지 않는다. 미래는 곧 반드시 오기 때문이다.

• 문제에 대한 해결책은 그 문제가 발생했을 때와 동일한 이해력 수준에서는 절대 나오지 않는다.

• 나는 간소하면서 아무 허세도 없는 생활이야말로 모든 사람에게 육체를 위해서나 정신을 위해서나 최상의 것이라고 생각한다.

• 자기의 인생과 남들의 인생이 무의미한 것이라고 생각하는 사람은 불행한 사람이요, 인생에 대한 준비가 되어 있지 않은 사람이다.

• 지식의 유일한 원천은 경험이다.

• 신은 주사위를 던지지 않는다.

(양자 역학을 부정하면서 되뇐 말)

아인슈타인

talk토크 역사상 천재들의 아이큐는 얼마나 될까?

'천재' 하면 맨 먼저 떠오르는 인물 가운데 하나가 아인슈타인일 것이다. 그러나 그의 IQ는 160을 약간 웃도는 정도라고 한다. 과연 세계적인 천재들의 IQ는 얼마나 될까?

지능을 수치로 나타내기 시작한 사람은 프랑스의 심리학자 비네다. 1905년에 지진아를 가려내어 특별 수업을 받도록 하기 위해 고안했다. 지금은 논리적 사고와 공간적 사고, 언어와 계산, 일반적인 사고 능력 등을 모두 다 검사해 점수로 나타내고 있을 정도로 발전했다.

다음은 어디까지나 추정 수치인데, 아인슈타인은 다른 천재들에 비해 IQ가 별로 높지 않다. "나는 똑똑한 것이 아니라 단지 문제를 더 오래 연구할 뿐이다."라는 그의 말에 고개가 끄덕여진다.

레오나르도 다빈치_220
괴테_210
스베덴보리(스웨덴의 철학자)_205
라이프니츠_205
존 스튜어트 밀_200
파스칼_195
뉴턴_190
볼테르_190
비트겐슈타인_190
데카르트_185
갈릴레이_185
네타냐후(전 이스라엘 총리)_180
미켈란젤로_180
디킨스_180
칸트_175
플라톤_170
바그너_170
슈트라우스_170
모차르트_165
헤겔_165
제임스 와트_165
바흐_165
린네_165
다윈_165
베토벤_165
로크_165
스티븐 호킹_160
코페르니쿠스_160
폴 앨런(마이크로 소프트 창업자)_160
아인슈타인_160
빌 게이츠_160
샤론 스톤(영화배우)_154
나폴레옹_145
히틀러_141
마돈나(가수)_140
조디 포스터(영화배우)_132

토인비
(1889~1975)

영국의 역사가이자 문명 비평가. 독자적인 종교 철학을 전개하여 현대의 세계사학에 새로운 역사학의 길을 열었다. 저서에 〈역사의 연구〉〈시련에 선 문명〉〈역사가가 본 종교관〉 등이 있다.

- 인류의 역사는 도전과 응전의 역사이다.

- 현대 문명의 위기는 기술 문명이 토끼처럼 달려가는 데 비해 정신 문명이 거북이같이 뒤를 쫓는 데 있다.

- 역사는 그 자체를 되풀이한다.

- 우리가 알고 있는 문명이란 하나의 상태가 아니라 하나의 운동이며, 항구가 아니라 항해이다. 어떠한 문명도 아직 문명의 목적지에 도달해 본 적이 없다.

- 전쟁은 모든 문명을 파괴시키는 주된 원인이라는 사실이 증명되었다.

- 한 민족과 한 국가가 성숙하기까지는 숱한 시련과 반성, 그리고 성찰(省察)의 교훈이 퇴적되어야 한다.

에리히 프롬

(1900~1980)

독일의 정신 분석학자·사회학자. 나치스에 쫓겨 미국에 이주했다. 인간의 여러 가지 악덕은 사회 조건의 개혁에 의해 감소시킬 수 있다고 주장하고, 인본주의적·공동체적 사회주의를 제창했다. 〈자유로부터의 도피〉〈정신 분석과 종교〉등의 저서가 있다.

• 인생의 뜻은 단 하나밖에 없다. 그것은 살아가는 행위 그 자체이다.

• 사랑이란 당사자 두 사람의 독립과 통일성에 기초를 둔 인간끼리의 결합을 뜻한다. 따라서 사랑은 평등과 자유에 그 바탕을 두고 있다. 만일 그것이 한쪽의 복종과 통일성의 상실에 기초를 두고 있다면, 제아무리 합리화시킬지라도 그것은 마조히즘적인 의존에 불과하다.

• 사랑은 자기가 사랑하고 있는 것의 생명이나 그 성장에 대한 사려를 행동으로 나타내는 것이다.

• 사랑이란 인간 시장에서 서로 비슷한 수준의 사람끼리 알맞은 기대를 사이좋게 교환하는 것이다.

칼 세이건
(1934~1996)

> 미국의 천문학자이자 작가. 우주 천문학의 대중화에 크게 기여했고, 미 항공 우주국의 자문 위원으로 마리너, 보이저, 바이킹, 갈릴레오, 패스파인더 화성 탐사선 등의 우주 탐사 계획에 참여하였다. 핵겨울 이론을 통해 핵전쟁의 위험을 경고하기도 했다.

• 우주는 인자하지도 않지만 적대적이지도 않다. 우주는 우리에게 그저 무관심할 뿐이다.

• 망상을 집요하게 고집하기보다는 우주를 완전히 이해하는 것이 더 바람직하다. 물론, 만족스럽고 납득할 만한 수준에서 이해하는 것이다.

• 사람은 지성적인 존재이고, 지성을 이용하는 것은 당연히 우리에게 기쁨을 준다.

• 이 무한한 우주에 살아 있는 생명체가 인간뿐이라면, 그건 엄청난 공간의 낭비일 것이다.

• 매혹적이고 기발한 과학적 발견을 만들어 내는 것은 창의성과 회의 속에 녹아 있는 우리의 긴장감이다.

- 훌륭한 주장은 훌륭한 증명이 수반되어야 한다.

- 우리도 코스모스의 일부이다. 이것은 결코 시적 수사가 아니다. 인간과 우주는 가장 근본적인 의미에서 연결돼 있다. 인류는 코스모스에서 태어났으며 인류의 장차 운명도 코스모스와 깊게 관련돼 있다.

- 당신과의 만남은 신의 축복이다. 수십 억, 수백 년의 우주 시간 속에 바로 지금, 무한한 우주 속의 같은 은하계, 같은 태양계, 같은 행성, 같은 나라, 그리고 같은 장소에서 당신을 만난 것은 1조에 1조 배를 곱하고 다시 10억을 곱할 확률보다도 작은 우연이므로.

talk 토크 우주 천문학의 대중화에 공헌한 〈코스모스〉

칼 세이건은 금세기 최고의 과학 대중서 작가로 꼽힌다.
그는 60여 개국 5억여 명이 시청하고 에미상과 피버디상을 수상한 1980년의 텔레비전 다큐멘터리 시리즈 〈코스모스〉의 제작자이자 공저자이다. 〈코스모스〉는 책으로도 나왔는데, 이 책은 휴고상을 수상했다.
또한 세이건은 1997년에 개봉된 동명 영화의 원작이 된 SF 소설 〈콘택트〉(Contact)도 썼다.
일생 동안 세이건은 600편 이상의 과학 논문과 대중 기사를 썼고, 작가·공저자·편집자 등의 자격으로 30권 이상의 책들에 참여했다. 세이건은 자신의 연구와 작품에서 지속적으로 세속적 인간주의, 과학적 방법, 회의주의를 주장했다.

예술가, 스포츠·연예 스타

레오나르도 다빈치
(1452~1519)

> 이탈리아의 미술가·건축가·과학자·철학자. 엄격한 관찰을 바탕으로 한 인체·공간 표현으로 르네상스 회화의 정점을 이루었으며, 천문학·물리학·음악 등 다방면에서 천재성을 드러냈다. 〈암굴의 성모〉〈모나리자〉〈최후의 만찬〉 등의 작품이 유명하다.

• 쇳덩이는 사용하지 않으면 녹이 슬고 물은 썩거나 추위에 얼어붙듯이 재능도 사용하지 않으면 녹슬어 버린다.

• 무슨 일을 하든지 시작을 조심하라. 첫걸음이 장차의 일을 결정한다. 그리고 참아야 할 일은 처음부터 참아라. 나중에 참기란 더 어려운 법이다.

• 경험을 쌓아 올린 사람은 점쟁이보다 더 많은 것을 알고 있다. 경험이 쌓일수록 말수가 적어지고, 슬기를 깨우칠수록 감정을 억제하는 법이다. 경험이 토대가 되지 않은 사색가의 교훈은 허무한 것이다.

• 보람 있게 보낸 하루가 편안한 잠을 가져다주듯이 값지게 쓰여진 인생은 편안한 죽음을 가져다준다.

〈자화상〉

• 영혼이 손과 함께 일하지 않는 곳에는 예술도 없다.

• 자연은 결코 자기 자신의 법칙을 깨뜨리지 않는다.

• 시간은 시간을 사용할 어느 누군가를 위해서 충분히 머무른다.

• 단순 명료함은 최고의 지적 세련미이다.

• 어떤 것도 침묵만큼 권위를 강하게 하지 않는다.

• 장애물이 나를 이길 수 없다. 모든 장애는 굳은 결심 앞에서 항복하고야 만다. 별(연구)에 빠져 있는 사람은 결코 마음을 바꾸지 않는다.

• 식욕 없는 식사가 건강에 해롭듯이, 의욕이 동반되지 않은 공부는 기억을 해친다.

• 결혼이란 뱀장어를 잡을 수 있다는 희망을 가진 채 뱀들이 살고 있는 가방 속에 손을 집어넣는 것과 같다.

• 왜 눈은 깨어 있을 때 상상력과 환상을 바라보는 것보다 자고 있을 때 꿈속에서 더 맑고 선명하게 사물을 바라볼 수 있는 것일까?

• 사람들은 사랑이 아닌 두려움에 반응한다. 주일학교에서도 학교에서도 일반적인 교육기관에서도 그렇게 가르치지 않는다. 그러나 그것은 분명히 사실이다.

• 내가 인생을 어떻게 살아가야 할지 배운다고 생각하는 동안, 나는 사실 어떻게 죽어야 할지 배우고 있었던 것이다.

• 크나큰 기만을 겪고 있는 사람들은 대개 그 자신의 의견과 평가로 인해 고통을 겪고 있는 것이다.

• 미덕(美德)의 씨를 이 땅에 뿌리는 사람이 명예를 얻는다.

• 우리의 삶은 다른 이들의 죽음에 의해 만들어진다.

• 용기가 생명을 위험한 지경으로 몰고 갈 수 있듯이, 공포심이 때로는 생명을 지켜 줄 때도 있다.

- 배우는 한 마음은 결코 메마르지 않는다.

- 비록 다양한 기계 장치의 맞물림으로 움직이는 인간의 발명품이 다양하다고는 하지만, 자연의 발명품보다 더 아름답지도 않고, 더 단순하지도 않으며, 더 목적에 적합하지도 않다. 왜냐하면, 자연의 발명품은 부족한 것이 없으며, 넘치지도 않기 때문이다.

〈모나리자〉 레오나르도 다빈치의 그림. 〈최후의 만찬〉과 함께 그의 대표작으로 꼽힌다. 프랑스 루브르 박물관에 소장되어 있다.

미켈란젤로
(1475~1564)

> 이탈리아 르네상스 시대의 예술가. 조각·회화·건축에 뛰어났을 뿐만 아니라 시인이기도 했다. 〈다비드〉〈피에타〉(조각), 시스티나 성당의 천장화 〈천지창조〉와 서쪽 벽 벽화 〈최후의 심판〉(회화) 등의 대작을 남겼고, 산 피에트로 대성당의 설계도 담당했다.

• 작업은 마음으로 하는 것이지 손으로 하는 것이 아니다. 정신을 집중하지 않으면 부끄러운 결과가 나온다.

• 사람들은 내게 미친 기운이 있다고 말한다. 하지만, 그것은 나 자신을 해칠 뿐, 다른 사람들에게는 해가 되지 않는다.

• 만일 슬픔과 고통이 사람을 죽게 한다면, 나는 이미 오래전에 세상을 떠났을 것이다.

• 나에게 조각이란 돌을 깨뜨려 그 안에 갇혀 있는 사람을 꺼내는 작업이다.

• 데생을 하게, 안토니오. 데생! 시간 낭비하지 말고.

• 나는 태어난 그 순간부터 오늘까지, 큰 일이든 작은 일이든 단 한순간도 아버지의 뜻을 거스르려는 마음을 품은 적이 없다. 내가 겪어 온 모든 고통은 오직 사랑하는 아버지 한 분을 위한 것이었다.

• 나의 영혼은 하느님께, 육체는 땅에, 재산은 내 가족들에게 남기겠다. (미켈란젤로의 마지막 유언)

〈천지창조〉(부분) 미켈란젤로가 그린 시스티나 성당의 천장화의 한 부분이다. 미켈란젤로는 레오나르도 다빈치, 라파엘로와 함께 이탈리아 르네상스 미술의 3대 거장이다.

라파엘로
(1483~1520)

> 이탈리아의 화가·건축가. 뛰어난 용모와 명랑한 성격, 결점 없는 완벽한 예술가로 사랑과 존경을 받았다. 〈그리스도의 매장〉〈성모자상〉 등 종교화에 독자적인 화풍을 이루었고, 바티칸 궁전의 천장화와 〈아테네 학당〉〈파르나소스〉 등의 벽화를 그렸다.

• 현명한 사람이 되려거든 사리에 맞게 묻고, 조심스럽게 듣고, 침착하게 대답하라.

• 그대의 운명을 사랑하라. 어떤 운명이든지 간에 항상 두 개의 얼굴을 가지고 있다. 한쪽 얼굴은 어둡고 우울하며 다른 한쪽 얼굴은 따뜻하고 밝다. 어두운 얼굴을 가리고 밝은 얼굴을 택하여 그것만을 눈여겨서 바라보라. 그것이 험한 운명의 바다를 노 저어 가는 항해술이다.

• 사랑하고 사랑받는다는 것은 태양을 양쪽에서 쪼이는 것과 같다. 서로의 따스한 볕을 나누어 주는 것이다. 그리고 그 정성을 잊지 않는 것이다. 우리는 서로에게 태양이 되자. 그리하여 영원히 마주 보며 비추어 주자.

모차르트
(1756~1791)

> 오스트리아의 작곡가. 18세기 빈 고전파를 대표하는 거장. 고전파 기악 형식을 확립하고, 40여 곡의 교향곡, 협주곡, 가곡, 피아노곡, 실내악, 종교곡 등 평생 600곡 이상을 작곡했다. 역사상 가장 뛰어난 음악의 천재라 일컬어진다.

• 천재를 만드는 것은 높은 지성도 상상력도 아니고, 둘 다 합한 것도 아니다. 오로지 사랑만이 천재의 생명이다.

• 사람들은 내 음악이 쉽게 만들어진다고 생각하는 우(遇)를 범한다. 누구도 나만큼 작곡하는 데 시간을 보내고, 작곡에 대해 생각하지 않았을 것이다. 내가 거듭 연구해 보지 않았던 음악의 거장(巨匠)은 없다.

• 내가 완전히 나 자신이 되었을 때, 또는 가장 기분이 좋을 때, 이를테면 마차를 타고 여행을 하든가 잠 못 이루는 밤에 악상이 가장 풍부하게 떠오른다.

• 다른 사람이 칭찬을 하든지 비난을 하든지 나는 개의치 않는다. 다만 내 감정에 충실히 따를 뿐이다.

베토벤
(1770~1827)

> 독일의 작곡가. 주로 오스트리아의 빈에서 활동했다. 30세 무렵부터 귀가 잘 들리지 않게 되는 고통스러운 상황을 맞이했으나 불굴의 의지로 극복했다. 고전파 음악을 최고의 경지로 끌어올리고 낭만파 음악의 선구자가 되었다. '악성(樂聖)'이라 불린다.

• 왜 나는 작곡하는가? 내가 마음속에 지니고 있는 것은 밖으로 표현되지 않으면 안 된다. 그래서 작곡하는 것이다. 음악은 사람의 정신으로부터 불꽃을 뿜어 올리게 하지 않으면 안 된다.

• 많이 듣고 조금 말하라.

• 나는 참고 견디면서 생각한다. 모든 불행은 뭔지 모르지만 좋은 것을 동반한다고.

• 자신의 불행을 생각하지 않게 되는 가장 좋은 방법은 일에 몰두하는 것이다.

• 국가가 헌법을 갖지 않으면 안 되듯 개개인도 자신의 규범을 갖지 않으면 안 된다.

- 증오는 그 마음을 품는 자에게 다시 돌아간다.

- 오직 너의 예술을 위해서 살아라! 지금 너는 귀의 감각 때문에 큰 제약을 받고 있으나 이것이 네가 살아가는 오직 하나의 길이다.

- 인간은 무한한 정신을 지니고 있는 존재이다. 그러므로 인간은 고뇌와 기쁨을 똑같이 맛보기 마련이다. 그런 사람 가운데 몇 사람쯤은, 기쁨은 고뇌를 통해서 이를 수 있는 것이라고 말하게 될 것이다.

- 만약 아름다운 눈썹 밑에 눈물이 고여 넘치려 하거든 그 눈물이 절대 흘러내리지 않도록 굳센 용기를 가지고 견뎌라.

- 사람은 무엇인가 좋은 일을 할 수 있는 동안에는 자살 같은 걸 생각해서는 안 된다. 좋은 일을 함으로써 삶의 보람을 찾아야 한다.

- 언제나 꿋꿋이, 비록 재난 속에서일지라도 용기에 가득 차 있어야 한다. 시간은 놀라운 일을 태양 아래에 드러내는 수가 종종 있으니, 선(善)을, 신(神)을 기다릴 수 있으리.

• 훌륭한 인간의 특징은 불행하고 쓰라린 환경에서도 끈기 있게 참고 견디는 것이다.

• 음악은 어떠한 지혜, 어떠한 철학보다도 높은 계시이다. 자기 음악의 의미를 파악하는 사람은 다른 사람들이 빠져 있는 모든 비참에서 벗어날 수 있다.

• 불행은 이상한 것이다. 불행을 말하면 점점 더 커진다. 그 원인과 그것이 미치는 범위를 올바로 이해하는 것만이 불행을 이겨 낼 수 있는 길이 된다.

• 아무리 가까운 친구일지라도 자신의 비밀을 털어놓지 마라. 그대가 아직 친구에게 충실하지 못하였는데, 그것을 친구에게 요구하는가.

talk 토크 · 베토벤을 존경한 '가곡의 왕' 슈베르트

〈숭어〉〈아름다운 물레방앗간의 아가씨〉 등 600여 곡의 가곡을 작곡하여 '가곡의 왕'이라 불리는 오스트리아의 작곡가 슈베르트는 베토벤을 존경하여 그를 만나는 것이 꿈이었다. 25세 때 비로소 베토벤을 만나 자기가 작곡한 곡들을 보여 주고 재능을 인정받았다. 1827년 베토벤이 세상을 떠나자 장례식 때 베토벤의 관을 직접 메었다.
그 이듬해에 슈베르트도 31세의 젊은 나이에 죽음을 맞이했는데, 평소의 소원대로 베토벤의 무덤 옆에 묻혔다.

밀레
(1814~1875)

> 프랑스의 화가. 손수 농사를 지으면서 주로 소박한 농촌 생활을 그렸다. 가난한 농민의 생활을 깊은 사랑과 진지한 태도로 관찰하고 사실적으로 묘사하여, 그의 작품에는 평화로운 종교적 분위기와 친근한 정감이 감돈다. 〈이삭줍기〉〈만종〉 등의 작품이 있다.

• 어떤 것이건 꼭 알맞는 때와 장소에 놓으면 아름답지 않은 게 없다. 반대로 알맞는 때와 장소를 떠나서 아름다운 건 하나도 없다.

• 타인을 감동시키려면 먼저 자기가 감동하지 않으면 안 된다. 그렇지 못하면 제아무리 우수한 작품일지라도 생명이 길지 못하다.

〈이삭줍기〉 세 아낙네의 고된 노동이 서정적으로 그려진 밀레의 대표작. 파리 루브르 박물관 소장.

로댕
(1840~1917)

> 프랑스의 조각가. 날카로운 사실적(寫實的) 기법을 통해 미묘한 감정과 인간 내면에 깃든 생명의 약동을 표현하여, '근대 조각의 시조'라고 일컬어진다. 〈지옥의 문〉〈입맞춤〉〈생각하는 사람〉〈발자크상〉 등의 작품이 특히 유명하다.

• 생명을 가진 것 가운데 추한 것은 없다. 인간의 감정을 암시하는 것, 시름이건 고통이건 온화이건 분노이건 증오이건 연애이건 그것은 모두 저마다 미(美)의 각인(刻印)을 가지고 있다.

• 예술에서는 부도덕이란 있을 수 없다. 예술은 항상 신성하다. 가장 고약한 외설을 주제로 삼을 경우조차도 관찰의 성실밖에는 안중에 없기 때문에 결코 천해질 수 없다. 진정한 걸작은 언제나 고귀하다.

• 우리가 예술에서 찾아야 할 것은 사진과 같은 진실이 아니라 산 진실이다.

• 신비로움이란 것은 마치 분위기와 같은 것이며 예술의 가장 아름다운 작품은 모두 그것을 지니고 있다.

• 자연은 결코 실패하지 않는다. 자연은 언제나 걸작을 만든다. 이것이야말로 매사에 있어서 우리들의 유일한 학교이다. 다른 학교들은 모두 본능도 천재도 없는 자들을 위해서 생긴 것이다.

• 슬픔은 버릴 것이 아니다. 우리가 살아 있는 한 이것은 빛나는 기쁨과 같을 정도로 강력한 생활의 일부이다. 슬픔이 없다면 우리들의 품성은 지극히 미숙한 단계에 머물고 말 것이다.

• 위대한 예술가는 그의 영혼에 응답하는 영혼의 소리를 도처에서 듣는 법이다. 이보다 더 종교적인 사람이 어디 있겠는가?

• 나는 50세 무렵까지 가난에 대한 온갖 당혹을 가지고 있었다. 그러나 일하는 행복이 나를 완전히 지탱하고 있었다. 게다가 일을 안하면 나는 곧 따분해진다. 무엇을 만들지 않는다는 것은 견딜 수가 없다.

• 노년은 소음(騷音)에서 멀어져 침묵과 망각을 섬긴다.

• 나는 평생 유연성과 우미(優美)를 찾았다. 유연성이야말로 만물의 혼이다.

• 천재란 본질(本質)에 대해 자신이 있고 그것을 완전한 경지에 도달한 기법으로써 만들어 내는 사람을 말한다.

• 그 이름에 부끄럽지 않은 예술가에게는 자연의 일체가 아름다운 법이다. 그의 눈동자는 외면의 온갖 진실을 대담하게 받아들여, 마치 펼쳐진 책을 읽듯이 거기에서 쉽사리 일체의 내적 진실을 읽을 수 있는 것이다.

• 도시에서 사람들은 사과처럼 쌓인다. 그리고 서로 썩어 간다. 그들을 보존하려면 한 사람씩 있게 하라.

• 모든 예술은 형제이다. 그 밑바닥은 같다. 인간 세계에서의 인간 정신의 표현이다. 단지 방법이 다를 뿐이다.

• 사랑의 힘은 모든 것을 창조했다. 예술을, 또한 종교를. 이것은 세계의 축(軸)이다.

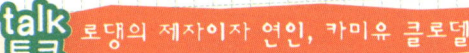
로댕의 제자이자 연인, 카미유 클로델

로댕이 43세 때인 1883년, 카미유 클로델이라는 열아홉 살의 아가씨가 로댕을 찾아온다. 타고난 재능, 강한 의지, 재기발랄한 표현력, 지성, 거기에 미모까지 갖춘 이 당돌한 아가씨에게 로댕은 한눈에 반한다. 로댕은 주저없이 그녀를 조수로 받아들인다.

함께 작업하면서 두 사람은 자연스럽게 연인 사이로 발전한다. 클로델은 로댕에게 제자이자 연인, 나아가 그의 예술에 새로운 영감을 불어넣어 준 뮤즈였다. 〈입맞춤〉〈영원한 우상〉 등 격정적이고 섬세한 사랑의 모습을 형상화한 작품을 완성할 수 있었던 것은 클로델의 힘이 컸다.

그러나 클로델은 로댕의 그늘에 머무르기에는 지나치게 성격이 강하고 자의식과 집념이 넘쳤고 재능이 뛰어났다.

로댕의 비서였던 독일 시인 릴케는 〈사색〉에서 클로델의 눈빛을 이렇게 표현했다.

"돌의 무거운 잠에서 서서히 솟아오르는, 삶을 바라보는 초월적인 시선이다."

가족하고도 왕래를 끊은 채 오직 로댕과 조각에 온몸을 바치던 클로델은 저도 모르는 사이에 로댕의 곁에서는 결코 홀로 설 수 없음을 깨닫게 된다. 그녀는 1893년 로댕의 곁을 떠나, 조각가로서 인정받기 위해 안간힘을 쓴다. 그러나 뜻대로 되지 않는다.

로댕은 클로델을 돕기 위해 지인들에게 추천서를 보내는 등 남몰래 애를 쓴다. 하지만, 클로델은 로댕이 자신의 성공을 방해하려 한다는 피해망상에 사로잡힌다.

결국 정신 이상 증세를 보이기 시작하더니 급기야 1913년에 정신병원에 수감된다. 그리고 무려 30년 동안을 정신 병원에서 보내다 1943년 세상을 마감한다.

카미유 클로델의 안타까운 삶은 프랑스 여배우 이자벨 아자니 주연의 영화로도 제작되었다.

참고로, 로댕의 정식 아내는 평생 로댕의 냉대와 바람기를 참아 내고 73세의 나이에, 그것도 숨지기 2주일 전에야 결혼식을 올렸던 재봉사 출신 조강지처 로즈 뵈레였다.

고갱

(1848~1903)

> 프랑스 후기 인상파 화가. 선원·증권 거래소 직원 등으로 일하다 35세 때부터 그림을 그렸다. 단순한 색채, 뚜렷한 선, 특이한 색조로 그 특유의 화풍을 이룩하였다. 남태평양의 타이티 섬에 들어가 원주민의 생활을 많이 그렸다.

• 미술은 표절 아니면 혁명(革命)이다.

• 나는 보기 위해 눈을 감는다.

〈타이티 아가씨들〉 고갱 畵

고흐
(1853~1890)

> 네덜란드의 후기 인상파 화가. 인상파의 영향을 받아 대담한 터치로 율동적인 선과 밝고 격렬한 색조의 독특한 화풍을 확립했다. 고갱과 함께 살기도 했으나 둘이 심하게 다툰 뒤 면도칼로 귀를 자르는 등 정신 발작을 일으켰으며, 끝내 권총으로 자살했다.

• 진정한 화가는 캔버스를 두려워하지 않는다. 오히려 캔버스가 화가를 두려워한다.

• 네 영감과 상상력을 가라앉히지 마라. 규범의 노예가 되지 마라.

• 예술가가 성직자나 목사가 될 필요는 없다. 하지만 그는 그를 따르는 사람들을 위해 따뜻한 마음을 가져야 한다.

〈해바라기〉 고흐 畵

• 사람을 사랑하는 것보다 더 중요한 예술은 없다.

• 위대한 성과는 갑작스런 충동에 의해 이루어지는 것이 아니라, 느리지만 연속된 여러 번의 작은 일들로써 비로소 이루어진다.

피카소

(1881~1973)

> 에스파냐에서 태어나 프랑스에서 활약한 화가이자 조각가. 1만 3,500여 점의 그림과 700여 점의 조각품을 창작했으며, 〈아비뇽의 처녀들〉 〈게르니카〉 등의 작품이 잘 알려져 있다. 회화·조각·판화·무대 미술·그래픽 아트 등 다양한 분야에서 활동했다.

• 나는 항상 내가 할 수 없는 것을 한다. 그렇게 하면 할 수 있게 되기 때문이다.

• 안하고 죽어도 좋을 일만 내일로 미루어라.

• 일할 때가 바로 내가 쉬는 때이다. 아무것도 하지 않거나 방문한 사람들을 접대하는 것은 나를 피곤하게 만든다.

• 창조의 모든 행위는 파괴에서 시작된다.

• 예술은 영혼에 붙어 있는 일상생활 속 먼지들을 깨끗이 씻어 내는 작업이다.

• 사랑은 삶의 최대 청량제이자 강장제이다.

- 저급한 예술가들은 베낀다. 그러나 훌륭한 예술가들은 훔친다.

- 나는 보이는 것을 그리지 않고 알고 있는 것을 그린다.

- 단 한 획을 긋더라도 그림에는 광기가 있어야 한다.

- 자연에 거역할 수 있는 사람은 아무도 없다. 자연은 그 어떤 인간보다도 강하다.

- 여자의 얼굴은 매일 자신의 자아를 그림으로 표현하는 캔버스이다.

talk토크 그림 실력 못지 않은 피카소의 말재간

게르니카는 에스파냐 북부 비스케이 만 연안의 도시로 1937년에 스파냐 내란 때 나치스 독일 공군의 무차별 폭격을 받았다.
피카소는 그 처참한 광경을 63점의 그림으로 남겼는데 〈게르니카〉라는 제목을 붙였다.
이 그림을 본 나치스 장교가 벌컥 화를 내며 물었다.
"당신이 이런 발칙한 그림을 그렸나?"
그러자 피카소가 태연하게 대답했다.
"그렇소. 내가 그렸소. 하지만 저런 짓을 한 건 당신들이오."

채플린
(1889~1977)

중절모자와 짧은 지팡이, 코밑수염의 우스꽝스러운 모습으로 사람들을 매료시킨, 영국 출신의 미국 배우·감독. 인간에 대한 뛰어난 관찰력에 바탕을 둔 사회 풍자로 유명하다. 작품에 〈모던 타임스〉〈황금광 시대〉〈독재자〉 등이 있다.

• 인생은 가까이에서 보면 비극이지만 멀리서 보면 희극이다.

• 빈민 수용소에 있을 때나 먹을 것을 구하기 위해 길거리를 방황하고 있을 때도 나는 내가 세계 최고의 배우라고 믿었다.

• 나는 오랜 경험을 통해 알고 있다. 아이디어라는 것은 오직 한마음으로 구하기만 하면 반드시 그쪽에서 나타난다는 것을…. 음악을 듣고 있다가, 저녁 일몰 광경을 보고 있다가 갑작스럽게 아이디어가 태어나는 일도 있을 수 있다.

• 나는 비극을 사랑한다. 비극의 밑바닥에는 언제나 어떤 아름다움이 있으므로 비극을 사랑한다.

• 사람들은 내가 천부적인 재능을 타고났다고 생각한다. 하지만 그 사람들은 모르는 사실이 있다. 내가 한 번을 웃기기 위해 최소한 백 번을 연습한다는 사실을······.

• 낙천주의에 있어서 가장 무서운 요소는 젊음이다. 젊음은 역경이 일시적이며, 불행이 오래 계속된다는 따위의 일차원적인 지속이라는 것을 본능적으로 감지해 버린다. 행복과 불행이 결국 엇바뀐다.

• 이 세상에 영원한 것은 없다. 고민도 마찬가지이다.

• 내게 있어 영화는 곧 인생이다. 나는 온 세계 사람들에게 웃음으로 희망을 되찾아 주고 싶다.

• 내가 맛보았던 불행, 불운이 무엇이었든 원래가 인간의 행운, 불운은 하늘에 떠다니는 구름 같아서 결국은 바람 따라 달라지는 것에 지나지 않는다. 그렇게 생각하니까 나는 불행에도 그다지 큰 충격을 받지 않았으며, 행운에는 오히려 순수하게 놀라는 게 보통이었다. 나에게는 인생의 설계도 없고, 철학도 없다. 현명한 사람이든 어리석은 사람이든 인간이란 모두 괴로워하며 살아갈 수밖에 없는 것이다.

베이브 루스

(1895~1948)

> 미국의 전설적인 프로 야구 선수. 처음엔 왼손잡이 투수로 활약하다 독보적인 타격 재능으로 타자로 전향하였다. 1927년 한 시즌 60홈런의 대기록을 세우고, 생애 통산 714개의 홈런 기록을 세웠다. 자신이 번 돈을 야구 전당에 바쳤다.

- 홈에 들어오기 위해서는 1루, 2루, 3루 베이스를 차례로 밟지 않으면 안 된다.

- 삼진 아웃에 대한 두려움이 네 자신을 방해하게 하지 마라.

- 내가 날린 수많은 홈런 중에서 의식하고 때린 것은 하나도 없다.

- 모든 삼진은 홈런으로 가는 길이다.

- 내가 그 많은 홈런을 칠 수 있었던 것은 1,390개의 스트라이크 아웃이 있었기 때문이다.

- 만약 야구가 없었다면, 난 교도소나 묘지에 있겠지.

행크 에런
(1934~)

미국 프로 야구 선수. 1974년 베이브 루스의 통산 홈런 기록을 깨고 홈런왕에 올랐으며, 통산 홈런 755개로 33년간 홈런왕의 자리를 지켰다. 현재는 2007년 통산 홈런 762개를 기록한 배리 본즈에 이어 메이저 리그 통산 최다 홈런 2위에 올라 있다.

• 나에게 최선을 다한다고 칭찬하지 마라. 그것은 모독이다. 그것은 기본적인 거니까.

• 내 좌우명은 언제나 스윙하는 것이다. 슬럼프에 빠지거나 기분이 나쁠 때, 운동장에서 문제를 겪고 있을 때에도 항상 스윙을 했다.

talk 토크 — 베이브 루스의 기록을 깬 비장의 무기는?

미국 야구계의 불세출의 영웅 '베이브 루스'의 홈런 기록을 깨뜨린 사람은 평범한(?) 강타자 '행크 에런'이다.
에런의 시즌 최다 홈런은 47개. 한 시즌 60홈런을 기록한 루스와 비교하면 훨씬 뒤진다.
그러나 40대에 접어들기 전까지 큰 부상 없이 매 시즌 130경기 이상을 출전하고, 23년간 선수 활동을 하면서 4차례나 홈런왕에 오르고, 40홈런 이상을 기록한 시즌도 여덟 시즌이나 된다.
평범하지만 꾸준함이 베이브 루스의 대기록을 깬 비결인 것이다.

빈스 롬바르디
(1913~1970)

> 미국의 미식축구 감독. 승률 10퍼센트 이하의 하위 팀 그린베이 패커스를 맡아, 1년 만에 승률을 60퍼센트로 끌어올린 전설적인 인물이다. 슈퍼볼 시작과 함께 2년 연속 우승하는 등 총 6번 결승 진출에 5번 우승이라는 기적을 이루어 냈다.

- 한번 포기하는 것을 배우면 그것은 습관이 된다.

- 열정적으로 타오르지 않으면, 열정적으로 해고될 것이다.

- 리더는 태어나는 것이 아니라 만들어진다. 리더는 다른 것과 마찬가지로 엄청난 노력을 통해 만들어진다. 리더라는 목적을 달성하기 위해 우리는 값을 치러야 한다.

- 촘촘한 풋볼 수비를 뚫는 일이든 현대 사회의 문제이든, 함께 협력하는 사람은 승리할 것이다.

- 성공한 사람과 그렇지 못한 사람의 차이는 힘이나 지식이 아니라 의지의 부족에 있다.

오드리 헵번
(1929~1993)

벨기에 출신 미국 배우. 청초한 미모와 감성적인 연기로 전 세계인의 사랑을 받았다. 〈로마의 휴일〉로 아카데미 여우 주연상을 수상했으며, 은퇴 후에는 유니세프 친선 대사로서 아프리카의 아이들에게 사랑을 전했다.

• 절망의 늪에서 나를 구해 준 것은 많은 사람의 사랑이었다. 이제 내가 그들을 사랑할 차례이다.

• 아름다운 입술을 갖고 싶으면 친절한 말을 해라. 사랑스러운 눈을 갖고 싶으면 사람들의 좋은 점을 보아라. 날씬한 몸매를 갖고 싶으면 너의 음식을 배고픈 사람과 함께 나누어라. 아름다운 머릿결을 갖고 싶으면 하루에 한 번 어린이가 너의 머리카락을 쓰다듬게 하라. 아름다운 자세를 갖고 싶으면 결코 너 자신이 혼자 걷고 있지 않음을 명심해서 걸어라. 사람들은 상처로부터 치유되어야 하며, 낡은 것으로부터 새로워져야 하고, 병으로부터 회복되어야 하고, 무지함으로부터 교화되어야 하며, 고통으로부터 구원받고 또 구원받아야 한다. 결코 누구도 버려져서는 안 된다. (헵번이 자녀에게 보낸 편지에서)

이소룡(리 샤오룽)
(1940~1973)

■ 홍콩계 미국 배우. 영어 이름은 브루스 리(Bruce Lee). 무술 배우이자 철학자이며, 절권도의 창시자이기도 하다. 거칠 것 없는 발차기와 특유의 포효로 큰 인기를 얻었다. 대표작으로 〈당산대형〉 〈정무문〉 〈용쟁호투〉가 있다.

• 교육은 단순히 모방하게 만드는 것이 아니라 발견하게 하는 것이다. 내적인 경험이 배제된 학습법은 단지 천박함으로 이끌 뿐이다.

• 나는 첫눈에 반했다는 말을 믿지 않는 사람은 아니다. 그러나 두 번째 봤을 때 느껴지는 사랑을 더 굳게 믿는다.

• 연애 기간 동안 두 사람은 뭔가 재미있게 할 거리를 찾아다닌다. 춤을 추러 가고, 근사한 식당에서 밥도 같이 먹고, 때로는 박물관에 가기도 한다. 그래서 그 두 사람은 그들이 주로 만나는 지역의 모든 오락거리를 섭렵하게 되는데, 정작 서로에 대해서는 처음 만났을 때보다 더 알게 된 것이 없는 경우가 대부분이다.

• 어떤 사람에게 기억될 수 있는 최고의 방법은 그 사람에게 친절을 베푸는 것이다.

• 정신을 수련한다는 것은 좀처럼 잡히지 않는 어려운 일이다. 더구나 그것에 대한 욕구는 자발적으로 생기는 경우가 거의 없다.

• 건강이란 우리 몸을 구성하고 있는 모든 기관이 균형을 이루고 있는 상태를 말한다. 건강한 사람은 감각 기관과 운동 기관이 모두 제 기능을 하고 있다. 만약 눈은 잘 보이는데 허리의 유연성이 떨어지거나, 팔에 근육은 많은데 귀가 잘 안 들린다면, 어떤 쪽이든 그 사람은 약간 나사가 풀린 상태이다.

• 나는 워싱턴 대학교에서 간신히 낙제를 면했을 뿐이지만 그 누구보다 열심히 철학을 공부했다.

• 고결하고 고귀한 성품은 커다란 출구가 없어도 자기 스스로 작은 길을 찾아 새어 나오므로, 도저히 숨길 수 없다.

• 너의 동료들과 조화로운 만큼 너는 그 분야에 숙달된다.

알리
(1942~   )

> 미국의 흑인 권투 선수. 프로 복싱 통산 전적 61전 56승(37KO) 5패라는 전설적인 기록을 세웠다. 베트남 전쟁 때에는 '베트콩과 싸우느니 흑인을 억압하는 세상과 싸우겠다'고 말하며 양심적 병역 거부를 실천했고, 흑인 인권 운동에 활발히 참여하기도 했다.

• 나는 복싱보다 더 위대하다.

• 나는 당신들이 원하는 챔피언이 아닌, 내가 원하는 챔피언이 되겠다.

• 나는 훈련하는 모든 시간이 힘들었다. 그러나 나는 그때마다 말했다. 포기하지 마라. 지금은 고통이지만 남은 나의 일생을 챔피언으로서 살 것이다.

• 내가 링에 오르기 전에 시끄럽게 떠벌리는 것은 미지의 상대에 대한 공포심 때문이었다.

• 나비처럼 날아서 벌처럼 쏘겠다.

(1964년 소니 리스턴과의 대결을 앞두고 승리를 호언장담하며)

• 위험을 무릅쓸 용기가 없으면 인생에서 아무것도 이룰 수 없다.

• 나는 모든 이의 권리를 존중하는 유머 있는 흑인으로 기억되길 바랍니다. 또, 자유와 정의, 평등을 위해 싸운 인간으로 기억되길 바랍니다. 흑인이면서 장애인인 내가 희망의 끈을 놓지 않고 싸워 온 것처럼 사회로부터 소외받는 많은 사람들이 세상과 맞서 승리하길 바랄 뿐입니다. 포기하지 않으면 성공은 가까이에 있습니다. 당신들에게 영감을 주었다면 난 그것만으로 충분합니다.

• 상상력이 없는 사람은 날개도 없다.

• 무엇을 하든 최고가 될 수 있다면 그것으로 좋다.

• 나의 경기를 보기 위해서 전 세계 몇 억 명의 시청자들이 텔레비전을 켤 텐데 에너지가 걱정이다. 따라서 1라운드 안에 끝내겠다. (석유 파동 당시)

• 챔피언이란 체육관에서 만들어지는 것이 아니다. 자신의 내면 깊숙이 자리한 소망, 꿈, 이상이 진정한 챔피언을 만든다.

히딩크

(1946~   )

> 네덜란드 축구 감독. 선수로 활약하다 1980년대 초부터 지도자 생활을 시작했다. 1998년 프랑스 월드컵에서 네덜란드를 4강으로 이끌었으며, 2002년 한·일 월드컵에서는 한국 대표 팀 감독을 맡아 4강 신화를 일구며 세계적인 명성을 얻었다.

• 축구의 기본은 기술이지만 체력이 뒷받침되지 않으면 어떤 기술도 먹히지 않는다. 운동장에서는 체력과 스피드에서 앞서는 선수가 이길 수밖에 없다.

• 축구만 알면 바보다. 다른 분야에 대해서도 알아야 한다.

• 여론을 모두 수렴하다 보면 내 축구 철학이 흔들릴 수 있다. 즉, 전술적인 완성도가 방해받을 수도 있다는 것이다. 그러므로 나는 나의 길을 가겠다.

• 축구는 3-4-3 혹은 4-4-2와 같은 숫자 놀음이 아니다. 상황에 따라 얼마든지 변하는 게 포메이션이다. 시시각각 변하는 경기 흐름 속에서 하나의 전술만을 고집할 수는 없다.

오프라 윈프리
(1954~   )

> '오프라 윈프리 쇼'를 진행하는 미국의 흑인 방송인. 사생아로 태어나 14살에 미혼모가 되었으며, 아들을 2주 만에 잃는 고통을 겪었다. 자신의 힘든 과거를 솔직하게 드러내는 친숙하고 고백적인 토크 방식으로 '토크계의 여왕'이라 불린다.

• 세상에서 부모가 되는 일보다 더 중요한 직업은 없다.

• 당신은 모든 것을 가질 수 있습니다. 다만 한꺼번에 그 모든 것을 가질 수 없을 뿐입니다.

• 자기 자신을 미워하지 않고는 다른 사람을 미워할 수 없다는 것을 나는 안다.

• 준비가 기회를 만나는 것, 바로 그것이 행운이다.

• 계속해서 전진하라. 당신 자신에 대한 확신으로 더 힘을 내서 하려고 한다면, 당신이 선택하는 일은 무엇이든지 할 수 있다.

마이클 잭슨
(1958~2009)

> '팝의 황제'라 불리는 미국 가수. 5세 때부터 잭슨 파이브와 잭슨스에서 노래했으며, 이후 솔로 활동을 통해 〈Thriller〉 〈Billie Jean〉 〈Beat It〉 〈Black or White〉 등 수많은 명곡을 남겼다. 2009년 약물에 의한 심장 마비로 사망했다.

• 남들은 내가 생각하는 걸 믿지 않는다. 모두 너무 의심이 많았다. 자기 스스로가 자신을 의심하면 최선을 다할 수가 없다. 스스로를 믿지 못한다면 누가 나를 믿겠는가. 일단 작업에 들어가면 나는 항상 자신을 가진다. 계획을 착수할 때는 그것을 100% 믿는다. 나의 혼을 그 작업에 불어넣는다. 그러다가 죽어도 상관 없다. 그것이 '나'다.

• **거짓은 단거리를 달리지만, 진실은 마라톤을 달린다.** (법정에 들어가면서)

• 쓸데없는 말을 하지 말고 타인에게 관대하라.
(자녀들에게 이른 말)

• 당신에게 필요한 모든 것은 사랑입니다.

마이클 조든

(1963~   )

> '농구 황제'라 불리는 미국 농구 선수. 1990년대 농구의 부흥을 이끈 인물이다. 소속 팀 시카고 불스를 NBA 챔피언에 6번 올려놓고, 그 자신도 5번의 MVP, 10번의 득점왕 자리에 올랐다. 시카고 불스 홈구장 앞에는 그의 동상이 세워져 있다.

• 나는 내일 무엇을 할지 모른다. 오직 오늘에 대해서만 생각한다. 사람들은 내가 다음 주에, 다음 달에, 내년에 어떻게 될지 모른다고 말하면 곧이듣지 않는다. 하지만, 나는 정말로 현재를 산다. 나는 선택권을 가질 수 있는 기회를 만들면서 살아왔고 앞으로도 그렇게 살 것이다.

• 나는 돈을 위해서가 아니라 농구가 좋아서 뛴다.

• 성공은 당신이 쫓아다녀야 할 대상이 아니라 부단히 노력을 기울여야 할 대상이다. 그러다 보면 성공은 당신이 가장 예기치 못했던 순간에 당신을 찾아올 수도 있다.

랜스 암스트롱
(1971~   )

> 미국 사이클 황제. '죽음의 레이스'라 불리는 투르 드 프랑스 사상 처음으로 7연패에 성공한 철인이자 고환암을 극복한 인간 승리자이다. 은퇴 후에는 '랜스 암스트롱 재단'을 설립하여 암 환자를 돕는 일에 적극적으로 나서고 있다.

• 고통은 순간이다. 하지만 포기하면 영원히 되돌릴 수 없다.

• 암에 걸렸을 때 나는 죽고 싶지 않았다. 마찬가지로 경기에 출전했을 때 나는 지고 싶지 않았다. 암은 죽음의 형식이 아니라 내 삶의 일부였다.

• 암이 내 육신을 바꾸어 놓은 것은 아니다. 내 정신을 바꿔 놓았을 뿐이다. 암 진단을 받기 전의 나는 게으름뱅이였다. 100%의 노력을 다하지 않고도 상당한 액수의 월급을 받았다. 참으로 부끄러운 일이다. 암에 걸렸다는 사실을 알고 나 자신에게 말했다. 내게 다시 한 번 기회가 주어진다면 이번에는 정말 올바르게 살겠다고. 나 자신만을 위해서가 아니라 그 이상의 어떤 것을 위해 열심히 살겠노라고.

고양인에게 꼭 필요한 베스트 명언 200가지

짧지만 큰 울림이 있는 묘비명들

교양인에게 꼭 필요한 베스트 명언 200가지

1. 가정은 도덕의 학교이다. -페스탈로치 (스위스 교육가)
2. 강을 거슬러 헤엄치는 사람만이 물결의 세기를 알 수 있다. -쇼펜하우어(독일 철학자)
3. 거짓말은 눈사람과 같아서 굴리면 굴릴수록 더 커진다. -루터(독일 종교 개혁자)
4. 건강은 최고의 부(富)이다. -에머슨(미국 시인·사상가)
5. 건강한 신체에 건강한 정신이 깃든다. -유베날리스(고대 로마 풍자 시인)
6. 겁이 많은 개일수록 큰 소리로 짖는다. -D. 웹스터(미국 정치가)
7. 겨울이 오면 봄이 멀지 않다. -셸리(영국 시인)
8. 결혼 전에는 두 눈을 크게 뜨고 보아라. 그러나 결혼 후에는 한 눈을 감아라. -풀러(미국 여류 평론가·여권 운동가)
9. 고기가 탐나거든 그물을 짜라. -힐티(스위스 사상가·정치가)
10. 고난이 크면 클수록 영광도 크다. -키케로(고대 로마 정치가·문인)
11. 구두는 발에 맞추어야 한다. 발을 잘라 구두에 맞출 수는 없다. -호찌민(베트남 정치가)
12. 국가가 나를 위해 무엇을 해 줄 것인가를 바라기에 앞서, 내가 국가를 위해 무엇을 할 것인가를 생각해야 한다. -케네디(미국 제35대 대통령)
13. 국민의, 국민을 위한, 국민에 의한 정부는 이 땅에서 영원히 사라지지 않을 것이다. -링컨(미국 제16대 대통령)
14. 권리의 진정한 근원은 의무이다. -간디(인도 민족 운동 지도자)
15. 그래도 지구는 돈다. -갈릴레이(이탈리아 과학자)

16. 기회가 두 번 문을 두드린다고 생각지 말아라.
  – 샹포르(프랑스 극작가)

17. 끝을 맺기를 처음과 같이 하면 실패가 없다.
  – 노자(중국 사상가)

18. 끝이 나기 전에는 무슨 일이든 불가능하다고 생각하지 마라.
  – 키케로(로마 정치가·문인)

19. 나는 생각한다. 고로 존재한다. – 데카르트(프랑스 철학자)

20. 나는 승리를 훔치지 않는다.
  – 알렉산더 대왕(대제국을 건설한 마케도니아 왕)

21. 나는 신문 없는 정부보다 정부 없는 신문을 택하겠다.
  – T. 제퍼슨(미국 제3대 대통령)

22. 나비처럼 날아서 벌처럼 쏘겠다. – 알리(미국 권투 선수)

23. 날고 있는 화살은 정지해 있다. – 제논(고대 그리스 철학자)

24. 남을 감동시키려면 우선 자기부터 감동하지 않으면 안 된다.
  – 밀레(프랑스 화가)

25. 남을 비판하는 사람은 남을 사랑할 시간이 없다.
  – 테레사 수녀(인도 수녀)

26. 남자는 모름지기 다섯 수레의 책을 읽어야 한다.
  – 두보(중국 당나라 시인)

27. 내 사전에 불가능이란 말은 없다.
  – 나폴레옹(프랑스 황제)

28. 내 인생의 모든 성공은 항상 '15분 일찍' 했던 것 덕분이다.
  – 넬슨(영국 제독)

29. 내일 무엇을 해야 할지 모르는 사람은 불행하다.
  – 고리키(러시아 작가)

30. 내 자식들이 내게 해 주기를 바라는 것과 똑같이 네 부모에게 행하여라. – 소크라테스(고대 그리스 철학자)

31. 내 키를 땅에서부터 재면 누구보다 작아도, 하늘로부터 재면 누구보다 크다. −나폴레옹(프랑스 황제)

32. 너 자신을 알라. −소크라테스(고대 그리스 철학자)

33. 네 자신의 불행을 생각하지 않게 되는 가장 좋은 방법은 일에 몰두하는 것이다. −베토벤(독일 작곡가)

34. 노병은 죽지 않는다. 다만 사라질 뿐이다. −맥아더(미국 군인)

35. 높이 나는 갈매기가 멀리 본다. −리처드 버크(미국 작가)

36. 눈물과 함께 빵을 먹어 보지 않은 사람은 인생의 참다운 맛을 모른다. −괴테(독일 시인·소설가·극작가)

37. 늦었더라도 아무것도 하지 않는 것보다는 하는 것이 낫다. −리비우스(고대 로마 역사가)

38. 다른 사람의 죄는 눈앞에 있지만, 자신의 죄는 등 뒤에 있다. −톨스토이(러시아 소설가·시인·극작가)

39. 돈으로 살 수 있는 행복이라 불리는 상품은 없다. −H. V. 다이크(미국 시인·수필가·설교가)

40. 돈은 거름과 같아서, 뿌리지 않으면 썩기 쉽다. −베이컨(영국 철학자·정치가)

41. 뜻이 있는 곳에 길이 있다. −버나드 쇼(영국 극작가·소설가·비평가)

42. 리더십이란 모범을 보이는 것이다. −아이아코카(미국 경영인)

43. 마음이 어진 사람은 조그마한 집에 살아도 행복하다. −홍자성(중국 유학자)

44. 마음이 천국을 만들기도 하고 지옥을 만들기도 한다. −밀턴(영국 시인)

45. 마흔 살이 넘으면 자기 얼굴에 책임을 져야 한다.
-링컨(미국 제16대 대통령)

46. 만물의 근원은 물이다. -탈레스(고대 그리스 철학자)

47. 만물의 근원은 불이다. -헤라클레이토스(고대 그리스 철학자)

48. 말은 행동의 거울이다. -솔론(고대 그리스 정치가·시인)

49. 말 한마디가 세계를 지배한다. -쿡(영국 법률가·정치가)

50. 말해야 할 때를 아는 사람은 침묵해야 할 때도 안다.
-아르키메데스(고대 그리스 자연 과학자)

51. 매일을 당신의 최초의 날인 동시에 최후의 날인 것처럼 살아라. -하웁트만(독일 극작가·소설가)

52. 머리는 냉철하게, 그러나 심장은 뜨겁게. -마셜(영국 경제학자)

53. 모든 길은 로마로 통한다. -라퐁텐(프랑스 시인·우화 작가)

54. 모든 신은 죽었다. 이제 우리는 초인이 살게 되길 바란다.
-니체(독일 철학자)

55. 모욕은 잊어버리되, 친절은 결코 잊지 말아라.
-공자(중국 사상가)

56. 목적 없이 존재하는 것은 아무것도 없다. -보들레르(프랑스 시인)

57. 목적은 수단을 가리지 않는다.
-마키아벨리(이탈리아 역사학자·정치 사상가)

58. 목표라는 항구를 모르는 사람에게 순풍은 불지 않는다.
-세네카(에스파냐 태생의 고대 로마 철학자·극작가)

59. 무언가를 배우는 데 체험만큼 좋은 것은 없다.
-아인슈타인(미국 과학자)

60. 미래의 가장 좋은 점은 한 번에 하루씩만 온다는 것이다.
-링컨(미국 제16대 대통령)

61. 바보는 방황하고, 현명한 사람은 여행을 떠난다.
　－풀러(미국 여류 평론가·여권 운동가)

62. 바보도 때로는 좋은 충고를 한다. －겔리우스(고대 로마 저술가)

63. 백 년을 살 것같이 일하고, 내일 죽을 것같이 기도하라.
　－프랭클린(미국 정치가·과학자)

64. 버리는 것이 곧 얻는 것이다. －타고르(인도 시인)

65. 법은 도덕의 최소한 －옐리네크(독일 법학자)

66. 보이지 않는 손 －애덤 스미스(영국 경제학자)

67. 부끄러워해야 할 것은 잘못이 아니고 잘못을 고치지 못하는 것이다. －루소(프랑스 계몽 사상가)

68. 부드러운 말로 상대방을 설득할 수 없는 사람은 거친 말로도 설득하지 못한다. －체호프(러시아 극작가·소설가)

69. 부(富)란 바닷물과 비슷하다. 마시면 마실수록 목구멍에 갈증이 온다. －쇼펜하우어(독일 철학자)

70. 부지런한 꿀벌은 슬퍼할 틈이 없다. －블레이크(영국 시인·화가)

71. 분노를 억제하지 못하는 것은 수양이 부족하다는 표시이다.
　－플루타르코스(고대 그리스 철학자·전기 작가)

72. 불완전한 인간이기에 더욱 사랑이 필요하다.
　－오스카 와일드(아일랜드 소설가·시인·극작가)

73. 불행은 진정한 친구가 아닌 자를 가려 준다.
　－아리스토텔레스(고대 그리스 철학자)

74. 비록 내일 지구의 종말이 온다 하여도 나는 오늘 한 그루의 사과나무를 심겠다. －스피노자(네덜란드 철학자)

75. 비평은 쉽고 예술은 어렵다.
　－보부아르(프랑스 여류 소설가)

76. 빈곤의 악순환 -넉시(미국 경제학자)

77. 사느냐 죽느냐, 그것이 문제로다. -셰익스피어(영국 극작가·시인)

78. 사람들은 대개 서둘러서 결혼하기 때문에 그 결과 평생을 두고 후회한다. -몰리에르(프랑스 극작가·배우)

79. 사람은 형이상학적 동물이다. -쇼펜하우어(독일 철학자)

80. 사막이 아름다운 것은 어딘가에 샘을 숨기고 있기 때문이다. -생텍쥐페리(프랑스 소설가·비행사)

81. 사랑에는 한 가지 법칙밖에 없다. 그것은 사랑하는 사람을 행복하게 해 주는 일이다. -스탕달(프랑스 소설가)

82. 사랑은 지배하는 것이 아니라 자유를 주는 것이다. -에리히 프롬(독일 정신 분석학자)

83. 사랑을 할 때는 누구나 시인이 된다. -플라톤(고대 그리스 철학자)

84. 사랑이란 서로 마주 보는 것이 아니라 함께 같은 방향을 바라보는 것이다. -생텍쥐페리(프랑스 소설가·비행사)

85. 산다는 것은 호흡하는 것이 아니라 행동하는 것이다. -루소(프랑스 계몽 사상가)

86. 산속의 도적은 물리치기 쉬워도 마음속의 적을 무찌르기는 어렵다. -왕양명(중국 유학자)

87. 새에겐 둥지가 있고, 거미에겐 거미줄이 있듯이 사람에겐 우정이 있다. -블레이크(영국 시인·화가)

88. 샘에서 솟아나는 물은 겨울에도 얼지 않듯이, 가슴에서 우러나는 우정은 불행이 닥쳐도 식지 않는다. -쿠퍼(미국 작가)

89. 생각하지 않고 읽는 것은 잘 씹지 않고 먹는 것과 같다. -E. 버크(영국 정치가·사상가)

90. 성공과 실패의 유일한 차이점은 실행력이다. -벨(미국 발명가)

91. 성공한 사람이 되려고 하지 말고 가치 있는 사람이 되려고 하라. -아인슈타인(미국 이론 물리학자)

92. 세계를 지배하는 것은 상상력이다. -나폴레옹(프랑스 황제)

93. 세상에서 가장 무서운 것은 가난도 걱정도 병도 아니다. 그것은 삶에 대한 권태이다. -마키아벨리(이탈리아 역사학자·정치 사상가)

94. 세상을 움직이려면 먼저 나 자신을 움직여야 한다. -소크라테스(고대 그리스 철학자)

95. 세월은 사람을 기다리지 않는다. -도연명(중국 동진 시인)

96. 소년이여, 야망을 가져라. -클라크(일본 홋카이도 대학에서 강의했던 미국 농학자)

97. 순간을 지배하는 사람이 인생을 지배한다. -에센바흐(중세 독일 궁정 시인)

98. 시간은 금이다. -프랭클린(미국 정치가·과학자)

99. 신은 죽었다. -니체(독일 철학자)

100. 아는 것이 힘이다. -베이컨(영국 철학자·정치가)

101. 아름다운 얼굴이 추천장이라면, 아름다운 마음은 신용장이다. -위고(프랑스 소설가·시인·극작가)

102. 아버지 한 사람이 스승 백 명보다 낫다. -허버트(영국 철학자)

103. 아침에 일어나 보니 유명해져 있었다. -바이런(영국 시인)

104. 악법도 법이다. -소크라테스(고대 그리스 철학자)

105. 악화(惡貨)가 양화(良貨)를 몰아낸다. -그레셤(영국 재정가·무역가)

106. 어떤 문제든지 양면이 있다. −프로타고라스(고대 그리스 철학자)

107. 어린이는 어른의 아버지다. −워즈워스(영국 시인)

108. 어머니는 20년 만에 소년을 한 사람의 사나이로 만든다. 그러고 나면 다른 여자가 나타나 20분 만에 그 사나이를 바보로 만들어 버린다. −프로스트(미국 시인)

109. 어진 사람은 적에게서 많은 것을 배운다. −아리스토텔레스(고대 그리스 철학자)

110. 어쨌든 결혼해라. 양처를 얻으면 행복할 것이고, 악처를 얻으면 철학자가 될 테니까. −소크라테스(고대 그리스 철학자)

111. 언제까지나 계속되는 불행은 없다. −롤랑(프랑스 소설가·사상가)

112. 언젠가 할 수 있는 일이라면 어떤 일이든 오늘도 할 수 있다. −몽테뉴(프랑스 사상가)

113. 예술은 길고 인생은 짧다. −히포크라테스(고대 그리스 의학자)

114. 예술은 슬픔과 고통의 산물이다. −피카소(에스파냐 화가)

115. 오늘이라는 날은 두 번 다시 오지 않음을 잊지 마라. −단테(이탈리아 시인)

116. 오늘 할 수 있는 일은 내일로 미루지 마라. −제퍼슨(미국 제3대 대통령)

117. 왔노라, 보았노라, 이겼노라. −카이사르(고대 로마 군인·정치가)

118. 왜 산에 오르는가? 거기 산이 있기 때문이다. −맬러리(영국 산악인)

119. 요람에서 무덤까지 −베버리지(사회 보장 제도를 주창한 영국 경제학자)

120. 요람을 흔드는 손이 세계를 지배한다. −월리스 (미국 법률가·수필가)

121. 용서는 최고의 복수이다. −빌링스(미국 유머 작가)

122. 우리의 인생은 우리가 노력한 만큼 가치가 있다.
−모리아크(프랑스 소설가・시인)

123. 우리의 최대 영광은 한 번도 실패하지 않는 것이 아니라, 쓰러질 때마다 일어나는 데 있다. −골드스미스(영국 소설가)

124. 웃음이 없는 인생은 울적한 공백이다.
−새커리(영국 소설가)

125. 위급한 때일수록 힘보다는 지혜가 필요하다.
−이솝(고대 그리스 우화 작가)

126. 음악 감상에는 두뇌가 필요 없다. −파바로티(이탈리아 성악가)

127. 이기는 것이 중요한 것이 아니라 어떻게 노력하느냐가 문제이다. −쿠베르탱(근대 올림픽을 창시한 프랑스 교육가)

128. 이미 주사위는 던져졌다. −카이사르(고대 로마 정치가)

129. 이성은 나침반이요, 욕망은 질풍이다. −포프(영국 시인)

130. 인간은 만물의 척도이다. −프로타고라스(고대 그리스 철학자)

131. 인간은 반항하는 존재이다. −카뮈(프랑스 소설가・극작가)

132. 인간은 생각하는 갈대이다.
−파스칼(프랑스 수학자・물리학자・사상가)

133. 인간은 태어날 때부터 사회적 동물이다.
−아리스토텔레스(고대 그리스 철학자)

134. 인간은 환경의 산물이 아니다. 인간이 환경을 만든다.
−디즈레일리(영국 정치가)

135. 인간의 마음은 태어날 때에는 백지(白紙)와 같다.
−로크(영국 철학자・정치 사상가)

136. 인간의 운명은 인간의 손 안에 있다.
－사르트르(프랑스 소설가·철학자)

137. 인구는 기하급수, 식량은 산술급수로 증가한다.
－맬서스(영국 경제학자)

138. 인내는 쓰다. 그러나 그 열매는 달다. －루소(프랑스 계몽 사상가)

139. 인류의 역사는 도전과 응전의 역사이다.
－토인비(영국 역사가·문명 비평가)

140. 인생은 가까이에서 보면 비극이지만 멀리서 보면 희극이다. －채플린(영국 태생의 미국 영화배우·감독)

141. 인생은 짧고 예술은 길다. －히포크라테스(고대 그리스 의학자)

142. 인생이란 학교에는 '불행'이라는 훌륭한 스승이 있다. 스승 때문에 우리는 더욱 단련된다.
－프리체(러시아 문화사가·예술학자)

143. 일이 즐거움이라면 인생은 낙원이다. －고리키(러시아 작가)

144. 자신감은 성공의 제1 비결이다. －에머슨(미국 시인·사상가)

145. 자신에게 이기는 것이 진정한 승리이다. －네루(인도 정치가)

146. 자연으로 돌아가라. －루소(프랑스 계몽 사상가)

147. 자유가 아니면 죽음을 달라. －헨리(미국 정치가)

148. 자유는 책임을 수반한다. 많은 사람들이 자유를 두려워하는 것은 이 때문이다. －버나드 쇼(영국 극작가·소설가·비평가)

149. 잘 보낸 하루가 행복한 잠을 가져오듯이, 잘 쓰여진 인생은 행복한 죽음을 가져온다. －레오나르도 다빈치(이탈리아 화가·조각가)

150. 장님의 나라에서는 장님이 왕이다.
－에라스뮈스(네덜란드 인문학자)

151. 재능엔 한계가 있지만, 노력엔 한계가 없다.
 －아인슈타인(미국 이론 물리학자)

152. 전혀 결점을 보이지 않는 인간은 바보가 아니면 위선자이다.
 －주베르

153. 절망은 죽음에 이르는 병이다. －키에르케고르(덴마크 종교 사상가)

154. 정직은 가장 확실한 자본이다. －에머슨(미국 시인·사상가)

155. 좋은 약은 입에 쓰나 병에 이롭고, 충직한 말은 귀에 거슬리나 행동에 이롭다. －사마천(중국 역사가)

156. 증오는 그 마음을 품는 자에게 다시 돌아간다.
 －베토벤(독일 작곡가)

157. 진리의 척도는 실용에 있다.
 －듀이(미국 교육 사상가)

158. 진실성이 결여된 칭찬은 아첨일 뿐이다.
 －위고(프랑스 소설가·시인·극작가)

159. 진정한 발견은 새로운 땅을 찾는 것이 아니라 새로운 눈으로 보는 것이다. －프루스트(프랑스 소설가)

160. 짐이 곧 국가이다. －루이 14세(프랑스 황제)

161. 참으로 지혜로운 사람은 허송세월을 가장 슬퍼한다.
 －단테(이탈리아 시인)

162. 책 속에 길이 있다. －디즈레일리(영국 정치가)

163. 책 없는 방은 영혼 없는 육체와 같다. －키케로(고대 로마 정치가)

164. 책이 학문을 따를지언정 학문이 책을 따라서는 안 된다.
 －베이컨(영국 철학자·정치가)

165. 천재란 1%의 영감과 99%의 노력으로 이루어진다.
 －에디슨(미국 발명가)

166. 철학은 신학의 시녀이다. -아퀴나스(이탈리아 신학자·철학자)

167. 철의 장막 -처칠(영국 정치가·작가)

168. 청소년기는 제2의 탄생이다. -루소(프랑스 계몽 사상가)

169. 청춘은 모든 것이 실험이다. -스티븐슨(영국 소설가)

170. 최대 다수의 최대 행복이 도덕과 입법의 기초이다.
    -밀(영국 경제학자·철학자)

171. 최후에 웃는 자가 가장 행복한 사람이다.
    -디오게네스(고대 그리스 철학자)

172. 충고는 남이 모르게 하고, 칭찬은 공공연히 하라.
    -시루스(고대 로마 시인)

173. 친구는 기쁨을 두 배로 늘려 주고, 슬픔은 반으로 줄여 준다.
    -실러(독일 시인·극작가)

174. 친구란 두 신체에 깃든 하나의 영혼이다.
    -아리스토텔레스(고대 그리스 철학자)

175. 쾌락이 유일한 선이고, 불쾌는 유일한 악이다.
    -에피쿠로스(고대 그리스 철학자)

176. 클레오파트라의 코가 1cm만 낮았어도 세계 역사가 바뀌었을 것이다. -파스칼(프랑스 사상가·수학자·물리학자)

177. 태양은 또다시 떠오른다. -헤밍웨이(미국 소설가)

178. 투표는 총알보다 강하다. -링컨(미국 제16대 대통령)

179. 펜은 칼보다 강하다. -리턴(영국 작가)

180. 편견은 무지의 자식이다. -해즐릿(영국 수필가·비평가)

181. 평화는 인류 최고의 이상이다. -괴테(독일 시인·소설가·극작가)

182. 풍요 속의 빈곤 -케인스(영국 경제학자)

183. 하늘은 스스로 돕는 자를 돕는다. -스마일스(영국 저술가)

184. 하루라도 책을 읽지 않으면 입에 가시가 돋는다.
    -안중근(독립운동가)

185. 학문과 예술만이 인간을 신성에까지 끌어올린다.
    -베토벤(독일 작곡가)

186. 학문에는 왕도가 없다. -유클리드(고대 그리스 수학자)

187. 한 번의 실패와 영원한 실패를 혼동하지 마라.
    -피츠제럴드(미국 소설가)

188. 한 사람도 사랑해 보지 않은 사람이 인류를 사랑하기란 불가능하다. -입센(노르웨이 극작가)

189. 햇빛이 있는 동안에 건초를 만들어라.
    -세르반테스(에스파냐 소설가)

190. 행동에 나설 시간은 바로 지금이다. 무언가를 하는 데 너무 늦다는 것은 있을 수 없다. -샌드버그(미국 시인)

191. 행복을 즐겨야 할 시간은 지금, 행복을 즐겨야 할 곳은 여기. -인젠솔(미국 정치가)

192. 행복의 한쪽 문이 닫히면 다른 쪽 문이 열린다.
    -헬렌 켈러(미국 사회사업가)

193. 행운은 마음의 준비가 되어 있는 사람에게만 미소를 짓는다.
    -파스퇴르(프랑스 미생물학자 · 화학자)

194. 혀는 뼈가 없지만 뼈를 부러뜨릴 수 있다.
    -위클리프(영국 종교 개혁가)

195. 현명한 사람은 적으로부터 많은 것을 배운다.
-아리스토파네스(고대 그리스의 희극 시인)

196. 화가 나거든 10까지 세어라. 그래도 풀리지 않거든 100까지 세어라. -제퍼슨(미국 제3대 대통령)

197. 황금을 보기를 돌같이 하라. -최영(고려의 무신)

198. 회화와 조각의 목적은 볼 줄 알게 되는 것이다.
-레오나르도 다빈치(이탈리아 화가·조각가·건축가)

199. 훌륭한 충고보다 값진 선물은 없다.
-에라스뮈스(네덜란드 인문학자)

200. 희망 속에 행복이 있다. -A. E. 포(미국 소설가·시인)

짧지만 큰 울림이 있는 묘비명들

인생을 어떻게 사느냐도 중요하지만, 그에 못지 않게 중요한 것이 인생을 어떻게 마무리하느냐입니다. 웰다잉(well-dying), 즉 아름다운 마무리는 인간의 영원한 화두이지요.
서양에서는 생전에 자기 손으로 직접 묘비명을 써 두거나, 자서전 혹은 회고록을 남기는 경우가 흔합니다. 자기 인생을 되돌아보며 삶의 마지막을 준비하는 것이지요.
사회에 크게 기여하였거나 위대한 업적을 남긴 사람들의 묘비명이나 자서전은 동시대를 사는 사람들에게, 나아가 후대 사람들에게 아름다운 삶을 위한 좋은 길라잡이가 되어 줍니다.
짧지만 깊고 긴 울림이 있는 전 세계 묘비명을 음미해 보세요.

- 우물쭈물하다 내 이럴 줄 알았다.
  −버나드 쇼(1856~1950. 영국 극작가·소설가·비평가)

- 살았다, 썼다, 사랑했다. −스탕달(1783~1842. 프랑스 소설가)

- 일어나지 못해서 미안하오. −헤밍웨이(1899~1961. 미국 소설가)

- 가장 비꼰 놈들을 비꼰, 그 해박한 코 큰 라블레
  −라블레(1483?~1553? 〈가르강뷔아와 팡타그뤼엘〉을 쓴 프랑스 작가)

- 나 하늘로 돌아가리라. 아름다운 이 세상 소풍 끝나는 날, 가서 아름다웠더라고 말하리라. −천상병(1930~1993. 괴짜 시인)

- 영국은 그가 낳은 자식을 그 가슴에 안지 못함을 슬퍼한다.
  −H. 필딩(1707~1754. 영국 소설가)

- 강철처럼 진실하고 칼날처럼 곧았다.
  −도일(1859~1930. 〈셜록 홈스의 모험〉을 쓴 영국 의사·소설가)

- 아무 쓸데도 없는, 머리가 돈 부랑자는 우리 모두의 어머니인 대지에 몸을 되돌렸다.
  —프랑수아 비용(1431~? 방랑과 투옥으로 생애를 보낸 15세기 프랑스 시인)

- 나는 말한다. 죽은 자가 산 자를 살해한다고.
  —아이스킬로스(기원전 525~456. 고대 그리스 비극 시인)

- 죽음이 아니라 삶이야말로 위대한 모험이다.
  —S. 앤더슨(1876~1941. 미국 소설가)

- 그러나 나는 살았고, 헛되이 살지 않았다.
  —바이런(1788~1824. 영국 낭만파 시인)

- 아무것도 바라지 않는다. 아무것도 두렵지 않다. 나는 자유롭다. —카잔차키스(1885~1957. 그리스 시인·소설가)

- 내면을 사랑한 이 사람에게 고뇌는 일상이었고, 글쓰기는 구원을 향한 간절한 기도의 한 형식이었다.
  —카프카(1883~1924. 체코슬로바키아 태생의 독일 작가)

- 별이 총총한 드넓은 하늘 아래 무덤 하나 파고 나를 눕게 하소서. —스티븐슨(1850~1894. 영국 소설가·시인)

- 최후의 심판을 알리는 나팔 소리
  —오스카 와일드(1854~1900. 아일랜드 시인·소설가·극작가)

- 장은 밑천과 수입을 모두 탕진하고 빈손으로 왔다가 빈손으로 갔노라. —라퐁텐(1621~1695. 프랑스 고전주의 시인·우화 작가)

- 삶과 죽음에 차가운 눈길을 던져라. 마부여, 지나가라!
  —예이츠(1865~1939. 아일랜드 시인·극작가)

- 오오 장미여, 순수한 모순의 꽃. -릴케(1875~1926. 독일 시인)

- 너에게 대항해 굽히지 않고 단호히 나 자신을 내던지리라.
  -버지니아 울프(1882~1941. 영국 여류 작가)

- 오, 사색 뒤에 오는 보상. 신들의 고요에 던져진 그토록 오랜 시선 -발레리(1871~1945. 프랑스 시인·평론가)

- 돌아오라는 부름을 받았다.
  -에밀리 디킨슨(1830~1886. 미국 여류 시인)

- 나는 모든 것을 갖고자 했지만 결국 아무것도 갖지 못했다. -모파상(1850~1893. 〈여자의 일생〉을 쓴 프랑스 소설가)

- 수고가 끝난 후의 수면, 폭풍우 치는 바다를 항해한 후의 항구, 전쟁이 끝난 후의 안락, 삶 다음의 죽음은 기쁨을 준다.
  -콘래드(1857~1924. 걸작 해양 문학 작품을 남긴 영국 소설가)

- 갈까마귀는 말하되 다시는 없도다.
  -포(1809~1849. 미국 시인·소설가)

- 인생은 의미 있는 것이다. 행선지가 있으며, 가치가 있다.
  -모리아크(1885~1970. 프랑스 시인·소설가)

- 태어나지 않았고 죽지 않았다. 다만 지구라는 행성을 다녀갔을 뿐이다. -오쇼 라즈니쉬(1931~1990. 인도 신비주의 작가)

- 나의 야심은 역사에 묻혀 없어진 한 사람의 개체로 남는 것이다. -윌리엄 포크너(1897~1962. 미국 소설가)

- 어린이 마음은 신선과 같다(동심여선:童心如仙)
  －방정환(1899~1931. 아동 문학가)

- 세상에 진실하고 겸손한 사람이 많되 김유정만 한 사람 드물고 －김유정(1908~1937. 〈봄봄〉〈동백꽃〉 등을 쓴 소설가)

- 흐름 위에 보금자리 친 나의 혼
  －오상순(1894~1963. 동양적 허무 사상에 바탕을 둔 시를 쓴 시인)

- 나는 어머님 심부름으로 이 세상에 나왔다가 이제 어머님 심부름 다 마치고 어머님께 돌아왔습니다.
  －조병화(1921~2003. 교수·시인)

- 괜히 왔다 간다. －중광(1935~2002. '걸레 스님'이라 불린 괴짜 시인)

- 자기보다 현명한 사람들을 주위에 모으는 법을 알고 있는 사람, 여기에 잠들다.
  －A. 카네기(1835~1919. 미국 기업인)

- 나는 아쉬울 것 없어라. (시편의 한 구절)
  －김수환(1922~2009. 추기경)

- 모든 일을 남을 위해 했을 뿐, 그 자신을 위해서는 아무것도 하지 않았다. －페스탈로치(1746~1827. 스위스 교육가)

- 나는 섬김을 받으러 온 것이 아니라, 섬기러 왔습니다.
  －아펜젤러(1858~1902. 배재 학당을 세운 미국인 선교사)

- 나는 웨스트민스터 사원보다 한국 땅에 묻히기를 원하노라.
  －호머 헐버트(1863~1949. 미국인 선교사)

- 용기 있게 살고 영원한 명성을 남기고 죽는 것은 아주 멋진 일이도다! −알렉산더 대왕(기원전 356~323. 대제국을 건설한 마케도니아 왕)

- 그의 강철 의지 앞에서는 높은 산도 몸을 낮춘다.
  −한니발(기원전 247?~183. 고대 카르타고 장군)

- 위엄을 떨쳐 나라를 구할 때 백발이 성성했구나.
  −최영(1316~1388. 충신으로 이름난 고려 장군)

- 죽고자 하면 반드시 살고, 살고자 하면 반드시 죽는다(必生卽死必死卽生). −이순신(1545~1598. 임진왜란을 승리로 이끈 조선의 무장)

- 이슬처럼 왔다가 이슬처럼 사라지는 게 인생인가 보다.
  −도요토미 히데요시(1536~1598. 임진왜란을 일으킨 일본 무장·정치가)

- 영국의 수호자, 국민의 영웅
  −넬슨(1758~1805. 영국 제독)

- 오직 한순간만 나의 것이었던 그 모든 것들
  −엘리자베스 1세(1533~1603. 영국 여왕)

- 고결한 양심, 불멸의 영혼
  −T. 모어(1478~1535. 공상 사회 소설 〈유토피아〉를 쓴 영국 정치가·작가)

- 이 사람은 하늘에서 번개를, 폭군에게서 옥띠를 빼앗았다.
  −B. 프랭클린(1706~1790. 미국 정치가·과학자)

- 아르헨티나 국민들이여, 나를 위해 울지 말아요.
  −에바 페론(1919~1952. '에비타'란 애칭으로 불린, 아르헨티나 페론 대통령의 아

- 후세 사람들이여, 그의 휴식을 방해하지 마시오.
 −노스트라다무스(1503~1566. 프랑스 의사·예언가)

- 고로 여기 이 철학자는 영원히 존재할 것이다.
 −데카르트(1596~1650. 프랑스 철학자)

- 이제 나는 명령한다. 자라투스트라를 버리고 그대 자신을 발견할 것을. −니체(1844~1900. 독일 철학자)

- 생각하면 할수록, 날이 가면 갈수록, 내 가슴을 놀라움과 존경심으로 가득 채워 주는 두 가지가 있다. 그것은 밤하늘의 반짝이는 별과 내 마음속 도덕률이다.
 −칸트(1724~1804. 독일 철학자)

- 인간의 정신에 강한 자극을 주고 우리들을 위해 자유를 준비했다. −볼테르(1694~1778. 프랑스 사상가·소설가)

- 신에 취한 사람 스피노자
 −스피노자(1632~1677. 네덜란드의 유대계 철학자)

- 아는 것이 힘이다.
 −베이컨(1561~1626. 영국 철학자·정치가)

- 만국의 노동자여, 단결하라!
 −마르크스(1818~1883. 〈자본론〉을 쓴 독일 혁명가·경제학자)

- 이 몸은 아니 죽고 살아남아 하느님의 음악을 노래하리라. −하이든(1732~1809. 오스트리아 작곡가)

- 우리는 묘비명이 아닌 음악으로 위대한 작곡가 볼프강 아마데우스 모차르트를 기억한다.
 −모차르트(1756~1791. 오스트리아의 천재 작곡가)

- 음악은 이곳에 소중한 보물을 묻었다.
  -슈베르트(1797~1828. '가곡 왕'이라 불린 오스트리아 작곡가)

- 아무것도 보지 않고 아무것도 듣지 않는 것만이 진실로 내가 원하는 것
  -미켈란젤로(1475~1564. 이탈리아 르네상스기의 화가 · 조각가 · 건축가)

- 이곳은 생전에 어머니 자연이 그에게 정복될까 두려워 떨게 만든 라파엘로의 무덤이다.
  -라파엘로(1483~1520. 이탈리아 르네상스기의 화가 · 건축가)

- 나는 이 세상의 언어만으로 이해되지 않을 것이다.
  -클레(1879~1940. 스위스 태생의 독일 화가)

- 천당이 가까운 줄 알았는데, 멀어 멀어.
  -박수근(1914~1965. 서양화가)

- 상상력, 큰 희망, 굳은 의지는 우리를 성공으로 이끌 것이다. -에디슨(1847~1931. 미국 발명가)

- 나는 하늘을 재었고, 이제 나는 어둠을 재는구나.
  -케플러(1571~1630. 독일 천문학자)

- 우리는 알아야만 한다. 우리는 결국 알게 될 것이다.
  -힐베르트(1862~1943. 독일 수학자)

- 세계에 빛을, 독일에 영광을 가져다준 영혼
  -라이프니츠(1646~1716. 독일 수학자 · 철학자)

- 옳은 일은 언제나 궁극적으로 승리한다.
  -레이건(1911~2004. 미국 제40대 대통령)

- 자비, 진리 그리고 정의를 사랑하는 분들은 나를 위해 눈물을 흘려 주기 바란다.
  − 콜럼버스(1451~1506. 아메리카 대륙을 발견한 이탈리아 항해자)

- 당신이 오시기 전에는 우리가 어둠 가운데 살았는데, 당신이 가신 후 우리는 빛 가운데 삽니다.
  − 리빙스턴(1813~1873. 영국 탐험가·선교사)

- 내가 새벽 날개를 치며 바다 끝에 가서 거할지라도
  − 린드버그(1902~1974. 최초로 대서양 횡단 비행에 성공한 미국 비행가)

- 내가 죽으면 술통 밑에 묻어 줘, 운이 좋으면 술통 바닥이 샐지도 모르니. − 모리야 센얀(? ~ ? 일본 선승)

- 용서하소서, 티끌이 되어 버린 나의 육신을.
  − D. 파커(1893~1967. 미국 소설가·시인)

- 깨우지 마시오!
  − T. 터너(1938~ . 묘비명을 미리 준비한 미국 기업인)

- 나는 탁월한 살인 전담반 형사이지만 사실은 세상에 알려지지 않은 피카소 같은 화가였다고 기억되기 바란다.
  − 피터 포크(1927~ . 묘비명을 미리 준비한 미국 영화배우)

- 아아, 몸은 얼어 죽었어도 이름은 오랫동안 사라지지 않으리로다. − 최북(1712~1760. 조선 시대 화가)

- 최상의 것은 앞으로 올 것이다.
  − 프랭크 시나트라(1915~1998. 미국 가수·영화배우)

나면서부터 크게 어리석었고,
자라면서 병이 많았네.
중년에 어찌 학문을 좋아하게 되었고,
말년에 외람되이 벼슬이 높았네.

(中略)

근심 속에 즐거움 있고,
즐거움 속에 근심 있네.
저 세상으로 떠나며 이 생을 마감하는데
다시 무엇을 구할쏘냐.

*퇴계 이황은 자신의 묘비에 새길 묘비명을
직접 4언(言) 24구(句)로 지어, 죽기 나흘 전에
조카에게 건넸다고 한다.
위의 글은 그 묘비명에서 발췌하여 풀어 쓴 것이다.

인·생·을·바·꾸·는·한·마·디
명언뱅크

2010년 9월 20일 초판 1쇄 발행
2013년 3월 20일 초판 3쇄 발행

엮은이 · 이야기공방

펴낸이 · 이미례 | **펴낸곳** · (주)학은미디어

주 소 · 서울 영등포구 문래동 3가 82-29
　　　　　우리벤처타운 903호

전 화 · 02)2632-0135~7 | **팩 스** · 02)2632-0151

등록번호 · 제13-673호

편집책임 · 육은숙 | **편집** · 박수진
디자인 · 신우진
ⓒ (주)학은미디어, 2010
ISBN 978-89-8140-363-8　00190